KÖNIGS ERLÄUTERUNGEN SPEZIAL

Textanalyse und Interpretation zu

Hartmut Lange

DAS HAUS IN DER DOROTHEENSTRASSE

Ralf Gebauer

Alle erforderlichen Infos für Abitur, Matura, Klausur und Referat

Zitierte Ausgabe:
Hartmut Lange: *Das Haus in der Dorotheenstraße*. Novellen. Zürich: Diogenes, 2016 (detebe 24361), S. 71–93 → Alle in Klammern auftretenden Seitenverweise beziehen sich auf diese Ausgabe.

Über den Autor dieser Erläuterung:
Ralf Gebauer, geb. 1945 in Kragelund (Dänm.), studierte Germanistik und Philosophie in Bochum und Göttingen und lehrte Deutsch, Philosophie und Kunst am Haranni-Gymnasium Herne. In der Reihe „Königs Abi-Trainer" liegen inzwischen 15 von ihm verfasste Bände vor.

Das Werk und seine Teile sind urheberrechtlich geschützt. Jede Verwertung in anderen als den gesetzlich zugelassenen Fällen bedarf der vorherigen schriftlichen Einwilligung des Verlages. Hinweis zu § 52 a UrhG: Die öffentliche Zugänglichmachung eines für den Unterrichtsgebrauch an Schulen bestimmten Werkes ist stets nur mit Einwilligung des Berechtigten zulässig.

1. Auflage 2018
ISBN: 978-3-8044-3129-4
PDF: 978-3-8044-5129-2, EPUB: 978-3-8044-4129-3
© 2018 by Bange Verlag GmbH, 96142 Hollfeld
Alle Rechte vorbehalten!
Titelabbildung: Die Nathanbrücke über dem Berliner Teltowkanal
© Wikipedia – biberbaer
Druck und Weiterverarbeitung: Tiskárna Akcent, Vimperk

INHALT

1. **DAS WICHTIGSTE AUF EINEN BLICK – SCHNELLÜBERSICHT**   6

2. **HARTMUT LANGE: LEBEN UND WERK**   11

    2.1 Biografie — 11
    2.2 Zeitgeschichtlicher Hintergrund — 15
    2.3 Angaben und Erläuterungen zu wesentlichen Werken — 18
         Langes erzählerisches Werk — 19
         Der Novellenband *Das Haus in der Dorotheenstraße* (2013) — 22

3. **TEXTANALYSE UND -INTERPRETATION**   27

    3.1 Entstehung und Quellen — 27
    3.2 Inhaltsangabe — 33
    3.3 Aufbau — 37
    3.4 Personenkonstellation und Charakteristiken — 42
         Gottfried Klausen — 42
         Xenia — 46

3.5 Sachliche und sprachliche Erläuterungen — 48
3.6 **Stil und Sprache** — 50
    Der Erzähler — 50
    Das Raum-Zeit-System — 56
    Die Darbietungsformen des Erzählens — 59
    Die Sprache — 61
    Die Symbolik — 63
    Das System der Motive — 68
    Die Eifersucht — 70
    Das Unheimliche — 72
3.7 Interpretationsansätze — 73

4. REZEPTIONSGESCHICHTE — 87

5. MATERIALIEN — 94

5.1 Sigmund Freud über die Eifersucht — 94
5.2 Hartmut Lange über die totale Vereinzelung des Individuums — 97
5.3 Hartmut Lange über Gespenster, Krähen, Teltow und Berlin, manische Zustände sowie sein Schreiben — 98

LITERATUR 102

STICHWORTVERZEICHNIS 106

1. DAS WICHTIGSTE AUF EINEN BLICK – SCHNELLÜBERSICHT

Damit sich jeder Leser in unserer Lektürehilfe rasch zurechtfindet und das für ihn Interessante gleich entdeckt, hier eine Übersicht:

⇨ S. 11 ff.
- → Hartmut Lange wird am 31. März 1937 in Berlin-Spandau geboren, wächst in Posen im heutigen Polen heran,
- → lebt nach Kriegsende bis 1965 in Ost-Berlin, wo er im DDR-Literaturbetrieb als Theaterdramaturg tätig ist,
- → und flieht 1965 über Jugoslawien nach West-Berlin, wo er noch heute lebt.

⇨ S. 15 ff.
- → Langes Erzählungen konzentrieren sich auf existenzielle Fragen in privatmenschlichen Beziehungen.
- → *Das Haus in der Dorotheenstraße* spielt im wiedervereinigten Deutschland, doch wird auf den realpolitischen Hintergrund der Berliner Republik nicht eingegangen.

Das Haus in der Dorotheenstraße – Entstehung und Quellen:

⇨ S. 27 ff.
- → Über die Entstehungsgeschichte der 2013 erschienenen Novelle hat Hartmut Lange kaum etwas verraten, nur dass ihn der Teltowkanal inspiriert habe und alle Novellen dieses Bandes seiner „eigenen Vorstellungswelt" entstammen.
- → Zu Langes literarischen Vorbildern zählen Heinrich von Kleist, Franz Kafka und Edgar Allen Poe, als konkrete Quelle für *Das Haus in der Dorotheenstraße* ist Shakespeares *Othello*-Tragödie zu nennen.

Inhalt:

⇨ S. 33 ff.
Der Wirtschaftsjournalist Gottfried Klausen wird beruflich ins nasskalte London versetzt und hofft, seine Frau Xenia werde ihm von

ihrem gemeinsamen Haus in der Dorotheenstraße im Berliner Südwesten folgen. Aber sie tritt den gebuchten Flug nicht an. Telefonate schlagen fehl; wiederholt meldet sich am anderen Ende der Leitung eine Männerstimme. Als der isländischer Vulkan Grimsvötn mit seiner Aschewolke über Europa verhindert, dass Klausen nach Berlin zurückfliegen kann, um dort mit seiner Frau die Situation zu klären, spielt seine Fantasie verrückt. Unter dem Eindruck eines Besuchs von Shakespeares Eifersuchtsdrama *Othello* kreisen seine Gedanken nur noch um den möglichen Ehebruch seiner Frau. Er vernachlässigt seine Arbeit und lässt sich nach Schwierigkeiten mit seiner Redaktion nach Island versetzen. Damit bricht die Erzählung ab. Die Novelle schließt mit Erwägungen des Erzählers, wie Klausen sich weiter verhalten könnte, und deutet eine Gewalttat in der nahen Zukunft an.

Chronologie und Schauplätze:

Langes Novelle spielt von Mitte Februar bis mindestens Ende Mai 2011, dem Jahr, in dem der isländische Vulkan Grimsvötn zum bislang letzten Mal ausgebrochen ist. Schauplätze sind die Dorotheenstraße in Kohlhasenbrück in der Nähe des Teltowkanals im Südwesten Berlins sowie die City of London.

Aufbau:

→ Lange bezeichnet seinen in sechs Abschnitte gegliederten Text als Novelle. ⇨ S. 37 ff.
→ Der Text bietet ein unerhörtes Ereignis, entspricht dem tradierten Aufbau eines fünfaktigen Dramas und hat mehrere Wendepunkte.
→ Ungewöhnlich ist, dass der Erzähler die Geschichte nicht zu Ende erzählt, sondern nur erwägt, wie sie enden könnte.

> **Personen:**

⇨ S. 42 ff.

Gottfried Klausen
- → ein Mann mittleren Alters, geht ganz in seiner Arbeit als Wirtschaftsjournalist auf,
- → seine Karriere ist ihm wichtiger als die Bedürfnisse seiner Ehefrau Xenia,
- → bemerkt nicht, dass er und seine Frau sich entfremdet haben und er seine Frau vernachlässigt,
- → lässt sich von ungewohnten Ereignissen und Erlebnissen (Theaterbesuch) beeinflussen und verunsichern.

⇨ S. 46 f.

Xenia
- → tritt selbst in der Novelle nicht direkt in Erscheinung,
- → scheint für ihren abwesenden, sie vernachlässigenden Mann Ersatz gefunden zu haben.

> **Stil und Sprache:**

⇨ S. 50 ff.

Langes Prosa wirkt mit ihrer schmucklosen und nüchternen Ausdrucksweise recht lapidar; die Erzählung wird fast ausschließlich im Bericht eines Er-Erzählers wiedergegeben. Gleichwohl ist der Text durch die Verwendung vieler Stilmittel, wiederkehrender Motive und einer differenzierten Symbolik sorgfältig strukturiert. Bemerkenswert sind die gegen Ende der Novelle zunehmenden Kommentare des Erzählers in der Rolle eines Chores.

> **Interpretationsansätze:**

⇨ S. 73 ff.

Man kann den Text unter folgenden Aspekten interpretieren:
- → dem **biografischen Ansatz**, der dem Autor die fiktionalisierte Wiedergabe eigener Erfahrungen und Reflexionen unterstellt,

→ dem **ästhetischen Ansatz**, der die Novelle als einen auf die Eheproblematik reduzierten Text der Andeutungen und Fragen auffasst,
→ dem **intertextuellen Ansatz**, der sich bemüht, textuelle Bezüge zu anderen literarischen Werken und Autoren aufzuspüren,
→ dem **textsortentheoretischen Ansatz**, der überprüft, inwieweit die Einordnung des erzählenden Textes als Novelle berechtigt ist,
→ dem **kommunikationstheoretischen Ansatz**, der sich mit der Dialektik der modernen technischen Kommunikation befasst,
→ dem **soziologischen Ansatz**, der den Text als Darstellung der Entfremdung in privaten Beziehungen durch die moderne Arbeitswelt versteht,
→ dem **Gender-Ansatz**, der das Verhältnis der Geschlechter zueinander beleuchtet und trotz der konventionell scheinenden Rollenverteilung neben einem Emanzipationsansatz der Frau eine Krise des Mannes ausmacht,
→ dem **psychologischen Ansatz**, der den Text liest als Entdeckung des Unheimlichen in der angstbehafteten eigenen Psyche,
→ dem **philosophischen Ansatz**, der die eheliche Beziehungskrise als existenzielle Krise begreift, die den Menschen der Grundangst des Lebens aussetzt, und
→ dem **rezeptionsästhetischen Ansatz**, der sich auf die appellative Struktur des Textes konzentriert, weil sie sich an aktive, reflexionswillige Leser wendet.

Rezeptionsgeschichte:

→ Die Literaturkritik reagierte auf Langes Novellenband *Das Haus in der Dorotheenstraße* und seine Titelgeschichte durchweg positiv. ⇨ S. 87 ff.

→ Der Band fand in allen großen Medien der deutschsprachigen Literaturkritik Aufmerksamkeit, in der überregionalen Tagespresse ebenso wie in den Literatursendungen des öffentlich-rechtlichen Rundfunks.
→ Der Autor wurde als „Meister der Novelle" gerühmt, der mit traditionellen Mitteln beim Leser eine nachhaltige Verunsicherung erzeuge und der Inhalt, Sprache und Stil zu einer Einheit bringe. Es seien vor allem die „Nachtseiten des Daseins", die der Leser in diesen Novellen kennenlerne.

2. HARTMUT LANGE: LEBEN UND WERK

2.1 Biografie

Hartmut Lange
(geb. 1937)
© ullstein bild –
Schleyer

JAHR	ORT	EREIGNIS	ALTER
1937	Berlin-Spandau	Hartmut Lange wird am 31. März als Sohn eines Metzgers und einer Verkäuferin geboren.	
1939	Posen	Die Familie wird zwangsweise nach Polen umgesiedelt. Der Vater stirbt im Zweiten Weltkrieg.	2
1945/46	Ost-Berlin	Die Mutter unternimmt mit ihrem Sohn einen Fluchtversuch, der in einem sowjetischen Lager endet. Aus ihm werden sie 1946 nach Ostberlin abgeschoben.	8/9
1946–1965	Ost-Berlin	Lange lebt im Ostberliner Ortsteil Adlershof, besucht bis zur elften Klasse die Oberschule und verdient sich seinen Lebensunterhalt mit Gelegenheitsarbeiten, u. a. als Tagebauarbeiter in Senftenberg.	9–28
1957–1960	Ost-Berlin	Lange studiert Dramaturgie an der Deutschen Hochschule für Filmkunst in Potsdam-Babelsberg.	20–33
1962		Das Stück *Senftenberger Erzählungen oder Die Enteignung* erscheint.	25
1961–1964	Ost-Berlin	Lange arbeitet als Dramaturg am Deutschen Theater und schließt Freundschaft mit Peter Hacks.	24–27
1965	Jugoslawien West-Berlin	Nach Konflikten mit der offiziellen Kulturpolitik der DDR nutzt Lange einen Urlaubsaufenthalt in Jugoslawien, um sich in den Westen abzusetzen.	28

2.1 Biografie

JAHR	ORT	EREIGNIS	ALTER
1965 ff.	West-Berlin Perugia (Italien)	In der Bundesrepublik erhält er eine Anstellung an der Schaubühne am Hallesschen Ufer und arbeitet an verschiedenen Theatern als Dramaturg, Regisseur und freier Schriftsteller. Mit seinem Sohn und seiner Frau lebt er in Berlin und in der Nähe von Umbertide bei Perugia in Umbrien (Italien).	28 ff.
1966		Lange erhält den Niedersächsischen Förderpreis.	29
1968	West-Berlin	Lange erhält den Gerhart-Hauptmann-Preis.	31
1969		Die Komödie *Die Gräfin von Ratnenow* erscheint.	32
1971		Das Stück *Die Ermordung des Aias oder Ein Diskurs über das Holzhacken* erscheint.	34
1973		Der Band *Theaterstücke 1960–1972* erscheint.	36
1982		Der Roman *Die Selbstverbrennung* erscheint.	45
1984		Der Band *Die Waldsteinsonate. Fünf Novellen* erscheint.	47
1985		Die Novelle *Das Konzert* erscheint.	48
1986		Die Erzählung *Die Ermüdung* erscheint.	49
1991		Die Novelle *Die Reise nach Triest* erscheint.	54
1993		Die Novelle *Die Stechpalme* erscheint.	56
1995		Der Novellenband *Schnitzlers Würgeengel* erscheint.	58
1996		*Der Herr im Café. Drei Erzählungen* erscheint.	59

2.1 Biografie

JAHR	ORT	EREIGNIS	ALTER
1998		Lange erhält den Literaturpreis der Konrad-Adenauer-Stiftung. Der Band *Italienische Novellen* erscheint.	61
2001		Die Novelle *Das Streichquartett* erscheint.	64
2002		Langes *Gesammelte Novellen in zwei Bänden* sowie *Irrtum als Erkenntnis. Meine Realitätserfahrung als Schriftsteller* erscheinen.	65
2003		Lange erhält den Italo-Svevo-Preis. Unter dem Titel *Leptis Magna* erscheinen zwei Novellen.	66
2005	Calw	Lange bekommt das Hermann-Hesse-Stipendium. Die Novelle *Der Wanderer* erscheint.	68
2007		*Der Therapeut. Drei Novellen* erscheint.	70
2009		*Der Abgrund des Endlichen. Drei Novellen* erscheint.	72
2011		*Im Museum. Unheimliche Begegnungen* erscheint.	74
2012		Der Text *Positiver Nihilismus. Meine Auseinandersetzung mit Heidegger* erscheint.	75
2013		**Der Novellenband *Das Haus in der Dorotheenstraße* erscheint.**	76
2015		Der Erzählband *Der Blick aus dem Fenster* erscheint.	78
2016	Rom	Lange erhält den Rom-Preis und wird Stipendiat der Deutschen Akademie Rom Villa Massimo.	79
2017	Berlin	Lange feiert am 31. März seinen 80. Geburtstag.	80

2.1 Biografie

Noch während seiner DDR-Zeit hatte Lange als Dramatiker auf sich aufmerksam gemacht und galt als einer der Talentiertesten in der Nachfolge des sozialistisch orientierten epischen Theaters im Stile Brechts. Er schrieb an die 15 marxistisch engagierte Theaterstücke, weil er wie Brecht glaubte, „dass man die Welt radikal verändern muss, wenn man dem Menschen helfen will"[1]. Die Wende zur novellistischen Prosa kam 1982 nach einer weltanschaulichen Krise, als sich Langes geistige Orientierung von Marx und Engels weg und hin zu Schopenhauer, Nietzsche und Heidegger verschob und er zeitweilig unfähig war, etwas zu schreiben. Lange erkannte, dass die auf politischer Analyse basierende Erkenntnis niemandem hilft. Als Konsequenz dieser Einsicht rückte das Subjekt mit seiner existenziellen Problematik in den Mittelpunkt seines Interesses und die Darstellung der Selbsterfahrungen des Einzelnen ins Zentrum seiner inzwischen über dreißig Novellen. *Das Haus in der Dorotheenstraße* ist Langes 17. Buchausgabe einer Novelle oder Novellensammlung.

---

[1] Kleinschmidt, S. 31.

2.2 Zeitgeschichtlicher Hintergrund

> **ZUSAMMEN-FASSUNG**
>
> Wichtig für das Verständnis der Novelle sind:
> → eindeutige Wirklichkeitsbezüge,
> → kaum Bezüge zur realpolitischen Situation der Berliner Republik,
> → enge Bezüge zu den Problemen, die aus der gesellschaftlichen Entwicklung (Beschleunigung der Lebenswelt, Karrieredenken, Mobilität und Flexibilität, Neoliberalismus usw.) für Beziehungen und Partnerschaften erwachsen.

Die Jahre ab 1990 bis heute markieren die Zeitspanne der jüngsten Gegenwart seit der Wiedervereinigung des geteilten Deutschlands, die man auch als Zeit der Berliner Republik bezeichnet. *(Berliner Republik)*

Hartmut Lange meidet in seiner Novelle weitgehend diesen realpolitischen Hintergrund, indem er sich ganz auf die **Ebene der individuellen Beziehungen** zwischen den Menschen konzentriert. Damit geraten jedoch vor allem soziale Veränderungen innerhalb der Gesellschaft in den Blickpunkt sowie ihre Auswirkungen auf bestehende oder sich anbahnende Partnerschaften.

Mit der Überwindung der deutschen Teilung und der Wiedervereinigung gingen tradierte gesellschaftliche Grundsätze verloren und sind von einem einerseits verunsicherten und andererseits gierig ergriffenen (neo-)liberalisierten Egoismus verdrängt worden. Die Sozialisation zeigt die **Tendenz zur Polarisierung**: Hier verkümmert sie zu einer entwerteten Beliebigkeit, Gleichgültigkeit und Hilflosigkeit und wird durch markt- und konsumgerechte Trends ersetzt, dort führt sie zu egozentrischer Ignoranz und Intoleranz sowie

2.2 Zeitgeschichtlicher Hintergrund

zu einer Konkurrenz um nicht immer gerechtfertigte Macht- und Führungsansprüche. Auch der Einfluss der modernen Arbeitswelt auf den Menschen und seine irritierenden und zerstörerischen Einflüsse auf dessen sozialen Beziehungen beeinflussen permanent die Sozialisierungsprozesse.

„Flexibilität" und „Mobilität"

Diese Veränderungen haben auch eine **Lockerung der Familienverbände** zur Folge. Ein gestiegenes Maß an Scheidungen und Wiederverheiratungen führt zu sogenannten „Patchworkfamilien", die eine höhere Inhomogenität aufweisen als die frühere Kernfamilie. Gegenüber früheren Generationen verlassen Kinder heute sowohl früher als auch später das Elternhaus, sodass auf der einen Seite die Zahl der Singles zunimmt und auf der anderen Seite die Zahl derer steigt, die erst spät das „Hotel Mama" verlassen. Seltener als früher leben die Kinder noch in der Nähe der Eltern, übernehmen auch immer seltener die elterlichen Berufe, Praxen, Kanzleien oder Firmen. Die von der Wirtschaftswelt wie von den Universitäten vom Einzelnen geforderte Flexibilität sorgt des Weiteren für eine Zerstreuung der ehemals räumlich konzentrierten Familienbande.

Folgen fürs Privatleben

Auch Partnerschaften, ob ehelich grundiert oder nicht, stehen heute verstärkt unter dem **Einfluss der Arbeitswelt**. Entweder nähert sich das Zusammenleben bei Partnern, die beide einem Beruf nachgehen, dem Leben in einer WG an, wo man vielleicht erst am Abend zusammenfindet, oder der alleinige Berufstätige wird, wie in Langes Novelle, von seiner Arbeit so in Anspruch genommen, dass er sich höchstens am Wochenende seinem Partner oder seiner Partnerin widmen kann; emotionale Vereinsamung und eine Tendenz zu Affären sind nicht selten die Folge.

Je höher dabei die berufliche Tätigkeit sozial und finanziell einzuordnen ist, umso mehr nimmt das Ausmaß an beruflicher Belastung zu. Auch die gestiegene Anforderung an Präsenz in sozialen Netzwerken und gesellschaftlicher Repräsentation, sei es in Vereinen,

2.2 Zeitgeschichtlicher Hintergrund

Ehrenämtern oder Gremien, sowie der wachsende Druck der Teilhaberschaft am öffentlich-kulturellen Leben in Form von sogenannten „Events" schränken den Freiraum der rein partnerschaftlichen Bezogenheit zunehmend ein. Alle Formen dieser Entwicklung, die auch für das Privatleben zunehmend ein sich an marktwirtschaftlicher Logistik orientierendes Management erfordern, wirken sich nicht gerade förderlich auf zwischenmenschliche Beziehungen aus, sodass der Anteil an kommunikativen Störungen, Missverständnissen sowie Gefühlen des Verlassenseins und der Vereinsamung in dem Maße steigt, in dem die Sehnsucht nach persönlicher Zuwendung, privater Anerkennung, Wertschätzung und Geborgenheit wächst.

2.3 Angaben und Erläuterungen zu wesentlichen Werken

2.3 Angaben und Erläuterungen zu wesentlichen Werken

ZUSAMMENFASSUNG

Hartmut Lange zählt zu den bedeutenden deutschsprachigen Gegenwartsautoren. Er begann als Dramatiker, trat aber in den letzten Jahrzehnten vor allem als Novellist in Erscheinung. Hinzu kommen noch Hör- und Fernsehspiele, dramatische Überarbeitungen und Übersetzungen. Hartmut Lange hat für sein Werk inzwischen diverse Auszeichnungen erhalten, darunter den Gerhart-Hauptmann-Preis (1968) und den Italo-Svevo-Preis (2003).

Den Novellen des Bandes *Das Haus in der Dorotheenstraße* gemeinsam ist:

→ die räumliche Lokalisierung im Südwesten Berlins, in einer „Gegend, in der Potsdam und Berlin sich unmittelbar berühren" (101), mit dem Teltowkanal als verbindendem Element,

→ der psychopathologische Charakter der Protagonisten, der sie in der Begegnung mit außergewöhnlichen Ereignissen oder Erlebnissen vor sie verunsichernde existenzielle Probleme stellt und

→ der Erzählstil des symbolischen Realismus.

2.3 Angaben und Erläuterungen zu wesentlichen Werken

DRAMEN	PROSA
Senftenberger Erzählungen oder die Enteignung (1962)	*Rätselgeschichten* (Kinderbuch, 1973)
Marski (UA 1966)	*Die Selbstverbrennung* (Roman, 1982)
Der Hundsprozeß (UA 1968)	*Die Waldsteinsonate* (Novellen, 1984)
Herakles (UA 1968)	*Das Konzert* (Novelle, 1986)
Die Gräfin von Rathenow (UA 1969)	*Die Ermüdung* (Erz., 1988)
Totzki in Coyoacan (UA 1972)	*Die Reise nach Triest* (Novelle, 1991)
Staschek oder Das Leben des Ovid (UA 1973)	*Die Stechpalme* (Novelle, 1993)
Die Ermordung des Aias oder Ein Diskurs über das Holzhacken (UA 1974)	*Schnitzlers Würgeengel* (Novelle, 1995)
Jeppe vom Berge (UA 1975)	*Der Herr im Café* (Erzählungen, 1996)
Jenseits von Gut und Böse oder Die letzten Stunden der Reichskanzlei (UA 1975)	*Italienische Novellen* (1998)
Vom Werden der Vernunft oder Auf der Durchreise nach Petersburg (UA 1976)	*Eine andere Form des Glücks* (1999)
Frau von Kauenhofen (UA 1977)	*Die Bildungsreise* (Novelle, 2000)
Pfarrer Koldehoff (UA 1979)	*Das Streichquartett* (Novelle, 2001)
Gerda Achternach (UA 1983)	*Leptis Magna* (Novellen, 2003)
Krankenzimmer Nr. 6 (UA 1983)	*Der Wanderer* (Novelle, 2005)
Requiem für Karlrobert Kreiten (UA 1987)	*Der Therapeut* (Novellen, 2007)
	Der Abgrund des Endlichen (Novellen, 2009)
	Das Haus in der Dorotheenstraße (Novellen, 2013)
	Der Blick aus dem Fenster (Erzählungen, 2015)

Langes erzählerisches Werk

Das erzählerische Werk Langes wird häufig mit dem Begriff „Melancholie" in Verbindung gebracht.[2] Lange ist selbst nicht unschuldig daran, untertitelte er seine Aufzeichnungen *Deutsche Empfindungen* vom Dezember 1981 bis November 1982 doch als „Tagebuchaufzeichnungen eines Melancholikers"[3]. Trotzdem ist diese Kennzeichnung für seine Erzählungen nur zum Teil berechtigt. Melancholie

Melancholiker vom Dienst?

---

[2] Vgl. Marquardt.
[3] Hartmut Lange: *Deutsche Empfindungen. Tagebuchaufzeichnungen eines Melancholikers*. Berlin: Severin und Siedler, 1983.

2.3 Angaben und Erläuterungen zu wesentlichen Werken

wird bestimmt von einem ausgeglichenen Verhältnis von Verzweiflung und Trost, von Skepsis und Hoffnung. Aber in Langes Novellen findet dieser Ausgleich von Irritation und Tröstung nicht statt. Die Protagonisten verbleiben vielmehr in dem Zustand der umfassenden und existenziellen Ratlosigkeit. Sie erfahren keinen Trost irgendwelcher Art und streben deshalb, oft nicht einmal bewusst, einer Situation zu, die sie dieser Ratlosigkeit enthebt. Sie sind auf der Suche nach dem „Ausweg", der im günstigsten Falle eine Art von „Entschwinden" ist, in den meisten Fällen jedoch der Tod. Langes Novellen liegt eher ein nihilistischer Pessimismus zu Grunde, der die Figuren dazu bringt, sich in einen Selbstzweifel, der jeweils durch ein zufälliges Ereignis oder Erlebnis ausgelöst wird, so sehr hineinzusteigern, dass ihnen eine Lösung ihres Problems versagt bleibt.

Über 30 Novellen

Langes inzwischen mehr als dreißig Novellen folgen häufig mehr oder minder einer intentionalen Grundstruktur. Offenbar beeinflusst von der Schicksalsvorstellung, wie sie sich in der klassischen griechischen Tragödie findet, erzählt der Dramatiker Hartmut Lange in seinen novellistischen Texten von Figuren, „die von vornherein zur Vernichtung verurteilt werden, und doch nichts von ihrem aufgezwungenen Schicksal erfahren, geschweige es verstehen"[4]. Sie bewegen sich „am Rande eines gefährlichen Abgrundes"[5], sind sich jedoch „in ihrer existenziellen Gefährdung der Drohung nicht bewusst"[6]. Stattdessen verspüren sie unterschiedlich stark eine Form von diffuser Angst, deren hervorstechendes Merkmal „das Ungesicherte, die nie endende Irritation [ist und] das Gefühl, ins Bodenlose fallen zu müssen"[7].

---

4 Demet, S. 25.
5 Ebd., S. 19.
6 Ebd., S. 28.
7 Hartmut Lange: *Irrtum als Erkenntnis. Meine Realitätserfahrung als Schriftsteller*. Zürich: Diogenes, 2002, S. 38.

2.3 Angaben und Erläuterungen zu wesentlichen Werken

Langes Figuren stellen sich aber nicht, sondern wandeln sich, ohne es selbst zu bemerken, in einem Anpassungsprozess oder fliehen vor der Gefahr. Es wundert deshalb nicht, dass Tod und Selbstmord, sei er real oder surreal, zu den „leitmotivisch wiederkehrenden Themen"[8] Langes gehören. Sie bilden das „Loch aus der Welt"[9], durch das es den Figuren gelingt, sich zu entziehen bzw. zu verschwinden. „Die Wahrheit liegt im Verschwinden", heißt es deshalb auch gleich viermal in Langes Novellenband *Eine andere Form des Glücks*[10]. Zum 80. Geburtstag des Autors am 31. März 2017 charakterisierte Hans-Dieter Schütt die Bedeutung der Prosa Langes wie folgt:

Tod und Selbstmord als Leitmotive

„Äußere Vorgänge, gleichsam wertungsfrei geschildert, streng abgedichtet gegen Emotionen (...) Meistererzählungen über die anschwellende Unsicherheit angesichts einer nicht fassbaren Drohung (...) greifen quasi Rilkes Diktum ‚Du musst dein Leben ändern' auf – wenn man nur wüsste wie; wenn man nur wüsste, was. (...) Jede dieser Novellen fragt nach Möglichkeiten, mit der Verzweiflung umzugehen, mit dem Sturz ins Bodenlose."[11]

Derartig gestaltete grundsätzliche „psychologisch-metaphysische[] Fragestellungen"[12] liegen auch dem Novellenband *Das Haus in der Dorotheenstraße* (2013) zu Grunde. Der Band enthält fünf Novellen zwischen neun und 32 Seiten. Die mittlere Titelnovelle umfasst 24 Seiten.

---

8 Jurgensen, S. 115.
9 Hartmut Lange: *Die Stechpalme*. Zürich: Diogenes, 1993, S. 117.
10 Hartmut Lange: *Eine andere Form des Glücks*. Zürich: Diogenes, 1999, S. 46, 47, 51, 122.
11 Hans-Dieter Schütt: *Am Abgrund des Endlichen. Hartmut Lange, Deutschlands raffiniertester Novellist, wird an diesem Freitag 80 Jahre alt.* In: Neues Deutschland v. 31. 3. 2017 (https://www.neues-deutschland.de/artikel/1046573.am-abgrund-des-endlichen.html, Stand: Juli 2017).
12 Kleinschmidt, S. 36.

2.3 Angaben und Erläuterungen zu wesentlichen Werken

Der Novellenband *Das Haus in der Dorotheenstraße* (2013)

Die Ewigkeit des Augenblicks

Die erste und längste Novelle *Die Ewigkeit des Augenblicks* (11–43) erzählt in sechs Kapiteln von dem selbstständigen Taxiunternehmer Michael Denninghoff, der nach dem Tode und der Seebestattung seiner Frau Kathrin die gemeinsame Wohnung gegen ein kleines Appartement getauscht hat und nun bedauert, beim Umzug den eingerissenen Druck von Gustave Caillebottes Bild *Rue de Paris, temps de pluie* („Regentag in Paris") nicht mitgenommen zu haben, den seine Frau so liebte, weil das Bild die „Ewigkeit des Augenblicks" (32) festhalte. Zunächst spricht er vergeblich bei der Firma, die seine Wohnungsauflösung durchgeführt hatte, vor und muss bei einer Reise nach Paris im Museum des Grand Palais erfahren, dass das Bild, das sie gemeinsam hier bewundert hatten, nur eine befristete Leihgabe des Chicago Art Institutes war. Dann lauert er seinem Nachmieter, dem Scheidungsanwalt Dr. Biederstein, vor der Nr. 7 der Pfalzburger Straße auf und dringt sogar in dessen Wohnung ein, als er einen nicht abgegebenen Schlüssel seiner ehemaligen Wohnung wiederfindet. Dort wird er von Dr. Biederstein überrascht, der ihm beweist, dass das Poster nicht mehr an seinem Platz hängt, und ihn damit zu trösten versucht, dass Denninghoff, wäre seine Frau nicht gestorben, sich vielleicht zehn Jahre später von ihr getrennt hätte. Im Bewusstsein des unwiederbringlichen Verlustes seiner Frau und in der Überzeugung, dass sie „wirklich frei" (43) sei, nimmt sich der Protagonist im Teltowkanal das Leben.

Die Novelle schildert an ihrer Oberfläche die **Verzweiflung eines Mannes**, der den letzten Willen seiner verstorbenen Frau, ihre Asche im Meer zu versenken, erfüllt hat und nun nicht verschmerzen kann, dass er keinen Ort für seine Trauer hat. Diese Situation ist durchaus tragisch, und das Leitmotiv des Caillebotteschen Bildes verdeutlicht die Unwiederbringlichkeit des erlittenen Verlustes. Der Moment der Entscheidung, die von seiner Frau gewünsch-

2.3 Angaben und Erläuterungen zu wesentlichen Werken

te Beisetzungsmodalität zu erfüllen, wird somit ebenfalls zu einer „Ewigkeit des Augenblicks". Denninghoff sieht sich der Grundlage seines Daseins beraubt und entzieht sich dieser existenziellen Krisensituation, indem er aus dieser Wirklichkeit verschwindet.

Die zweite Novelle *Der Bürgermeister von Teltow* (47–69) ist in fünf Kapitel gegliedert und berichtet von der in einem Bungalow in Ruhlsdorf wohnenden Titelfigur Andreas Schmittke. Schmittke ist der Bürgermeister von Teltow und fühlt sich von einer Krähe verfolgt. Sein Versuch, über den Umweltschutzbeauftragten Dr. Wiede gegen die Krähen, die für ihn nur „Aasfresser" (51, 69) sind, am Teltowkanal vorzugehen, scheitert. Anlässlich des dritten Jahrestages seiner Amtseinführung als Bürgermeister bekommt er von seiner Familie eine CD der *Winterreise* von Franz Schubert geschenkt, stößt sich aber an der Textstelle von Wilhelm Müller über die Krähen als Begleiter des Menschen zum Tode. Schmittke wagt nicht mehr, sein eigenes Auto zu benutzen, untersucht es sorgfältig und schafft dem ihn vermeintlich verfolgenden Wesen Raum zu entfliehen. Als er nach Dienstschluss das Rathaus aufsucht, glaubt er erneut, die Krähe zu sehen, aber der zu Hilfe gerufene Pförtner sieht nichts. So muss sich der Bürgermeister von Teltow mit seiner Einbildung einrichten.

Der Bürgermeister von Teltow

Der titelgebende Protagonist der Novelle hat ein deutlich **gestörtes Verhältnis zur Natur**, was seine Aversion gegenüber den Krähen verdeutlicht. Die Natur wirkt auf ihn nicht beruhigend, sondern verstört ihn und reizt seine Aggressivität. Krähen gelten als die intelligentesten Vögel, die durchaus in der Lage sind, sich die Menschen zu merken, die ihnen nicht wohlwollen. Sie sind aber auch als Unglücksvögel verrufen, die ein bevorstehendes Unheil ankündigen. Das kann der Tod sein; da aber der Krähe auch die Fähigkeit zugesprochen wird, die Wahrheit aufzudecken, Geheim-

2.3 Angaben und Erläuterungen zu wesentlichen Werken

nisse zu lüften und Lügner zu enttarnen, kann das Unheil für den Bürgermeister von Teltow auch darin bestehen, dass er um die Aufdeckung eventueller politischer oder verwaltungsrechtlicher Manipulationen und letztlich um sein Bürgermeisteramt zu fürchten hat und sich deshalb von einer Krähe verfolgt sieht, die ihm sprichwörtlich im Nacken sitzt: erneut ein zumindest beruflich existenzielles Problem.

Die Cellistin

In der mit neun Seiten kürzesten Novelle *Die Cellistin* (97–105) schildert ein namenloser Ich-Erzähler in zwei Kapiteln seinen Eindruck, er habe am nördlichen Ufer des Griebnitzsees auf einem Felsvorsprung eine junge Frau gesehen, die Cello spielt. Die Frau ist ihm nicht unbekannt, da er ihr Gesicht in der einer Musikkassette beigelegten Broschüre gesehen hat. Es handelt sich demnach um eine berühmte englische Cellistin mit französischem Namen, die allerdings bereits an einer heimtückischen Krankheit gestorben ist. Als der Erzähler seine Erscheinung noch einmal überprüft, glaubt er einer Täuschung aufgesessen zu sein. Kaum erklingt jedoch aus einem mitgebrachten CD-Player mit Lautsprecher das Cellokonzert op. 85 von Edward Elgar, das er beim letzten Mal zu hören vermeinte, erscheint ihm die Cellistin erneut. Als die Wetterumstände die Musikwiedergabe abbrechen, verschwindet auch die Cellistin. Der Erzähler ist davon überzeugt, dass sich die Cellistin mit ihrer Kunst eine „menschenfreundliche Ewigkeit" geschaffen habe (100, 105).

Offenbar von der an multipler Sklerose verstorbenen englischen Cellistin Jacqueline du Pré (1945–1987) inspiriert, setzt Lange mit dieser Novelle der in diesem Falle musikalischen Kunst ein Denkmal. Sie ist mit dem Genuss, den sie dem Rezipienten verschafft, in der Lage, Augenblicke zu schaffen, die sowohl den Künstler wie den Kunstliebhaber jeglicher Zeitbedingungen entheben, weil die **Begegnung mit Kunst** immer eine aktuelle, gegenwärtige spirituel-

2.3 Angaben und Erläuterungen zu wesentlichen Werken

le Begegnung ist. Hier drückt sich Langes etwas religiös anmutende Einstellung zur Kunst aus, die auch die eigene einschließt.

Die letzte Novelle ist siebzehn Seiten lang, in fünf Kapitel gegliedert und mit *Der Schatten* (109–125) betitelt. Weil ihr Gatte Philipp als Hotelberater beruflich viel umherreist, ist Steffi Trautwein, die in Potsdam eine Papeterie (Schreibwarengeschäft) betreibt, mit ihrer 14-jährigen Tochter Laura häufig allein in ihrem Haus in Hohengatow. Um bei einer späten Heimkehr den Schlaf seiner Frau nicht zu stören, stiehlt er sich durch einen Seiteneingang in ein kleines Übernachtungszimmer. Seine Frau nimmt dann meist seinen flüchtigen Schatten am Fenster wahr. Während Steffi ihren Mann auf Rügen wähnt, erzählt ihr eine Bekannte, ihn vor zwei Tagen auf dem Luisenplatz in Potsdam gesehen zu haben. Wiederholt täuscht sie sich, als sie meint, Philipp sei nach Hause zurückgekehrt, weil sie glaubt, einen Schatten wahrgenommen zu haben. Als er wieder einmal nicht wie verabredet zu Hause eintrifft, sondern telefonisch absagt, weil ihm etwas dazwischengekommen sei, unternimmt Steffi mit Laura eine Bootsrundfahrt auf der Havel und zögert, nach Hause zurückzukehren. Am nächsten Tag sucht sie den Luisenplatz auf, um nach ihrem Mann Ausschau zu halten, entdeckt aber nur Laura, die offenbar irgendwelcher Sorgen wegen die Schule schwänzt. Nachdem Philipp sich für sein Fortbleiben über Nacht entschuldigt und am Abend übermüdet wieder bei der Familie weilt, beschließt Steffi, alles auf sich beruhen zu lassen und weiterhin auf den Schatten zu warten.

Der Schatten

Diese Novelle erscheint wie der Gegenpart zur Titelnovelle *Das Haus in der Dorotheenstraße*, nur ist die Hauptfigur weiblich, und das sich in einer Krise befindliche Ehepaar hat eine Tochter. Aber auch hier ist der Ehemann selten zu Hause, der Kontakt der Familienmitglieder brüchig und der Ehealltag von Irritationen verstört. Auch

Gegenpart zur Titelnovelle

2.3 Angaben und Erläuterungen zu wesentlichen Werken

hier erwächst mit der Eifersucht eine Übersensibilität der Sinne, die Dinge wahrzunehmen meint, die gar nicht wahrgenommen werden können. Der Schatten ist somit sowohl ein realistisches Spiegelbild der mangelnden Präsenz des Ehemannes als auch eine Metapher für das Unbewusste der Ehefrau. Auch hier flieht die Protagonistin Steffi Trautwein, aber nicht in eine räumliche Isolation, sondern in die **Phantasmagorie der eigenen Einbildung**, um die äußere Struktur und das soziale Erscheinungsbild der Ehe und Familie nicht zu gefährden: die Gewöhnung an den Wahn als existenzielle Rettung.

3. TEXTANALYSE UND -INTERPRETATION

3.1 Entstehung und Quellen

ZUSAMMENFASSUNG

→ Über die Entstehungsgeschichte der 2013 erschienenen Novelle hat Hartmut Lange kaum etwas verraten, nur dass ihn der Teltowkanal inspiriert habe und alle Novellen dieses Bandes seiner „eigenen Vorstellungswelt" entstammen.

→ Generell zählen Heinrich von Kleist, Franz Kafka und Edgar Allen Poe zu Langes literarischen Vorbildern, als konkrete Quelle für *Das Haus in der Dorotheenstraße* ist Shakespeares *Othello*-Tragödie zu nennen.

Hartmut Lange ist ein etwas spröder Autor, was seine Auskunftsfreudigkeit über sein eigenes Werk angeht. So ist auch nichts über die Entstehung seiner Texte und insbesondere der Titelnovelle bekannt. In Interviews hat Lange lediglich geäußert, dass der Teltowkanal ihn angesprochen und inspiriert habe. Was ihn im Einzelnen dazu bewegt hat, die Geschichten zu schreiben, bleibt sein Geheimnis. Auf Nachfrage wies er lediglich darauf hin, dass die Erzählungen bei ihm „aus der eigenen Anschauung [entstehen], die dann durch meine eigene Befindlichkeit aufgefüllt werden", seine Geschichten also bis auf die geografische Verortung ganz der „eigene[n] Vorstellungswelt" entstammen.[13] Lange gibt lediglich zu, ganz allgemein von Autoren wie Heinrich von Kleist, Franz Kafka und Edgar Allen Poe beeinflusst zu sein. Während die Erzählweise Kleists bis

Inspirierender Teltowkanal

Kleist, Kafka und Poe als Vorbilder

---

13 Persönliche Auskunft Hartmut Langes vom 18.07.2012.

3.1 Entstehung und Quellen

in Langes Satzbau durchschlägt, gemahnen inhaltliche Einfälle der anderen Novellen eher an die beiden anderen Autoren (*Die Ewigkeit des Augenblicks:* Kafka; *Der Bürgermeister von Teltow:* Poe). Es ist jedoch unstrittig, dass der Erzählkern der Titelnovelle als eine Verbeugung vor Shakespeares *Othello* zu verstehen ist.

Literatur und Untreue

Von Beginn an war die Gattung der Novelle mit Themen wie Ehebruch, Untreue und Eifersucht verbunden. Das gilt sowohl für die Novellen des Cervantes wie für die **Boccaccios**. In den hundert Erzählungen seines *Decamerone* kommen allein 44 Ehebrecher und 27 treulose Frauen vor. Auch auf der Bühne wurde das Scheitern der Ehe durch Untreue zur stofflichen Grundlage für Komödien und der gehörnte Ehemann und Hahnrei zu einer häufig verspotteten Figur. Gleichwohl finden sich in bedeutenden Werken der moderneren deutschen Literatur relativ wenige Werke, die dieses Thema konzentriert behandeln. **Georg Büchner** zeigt uns in seinem Drama *Woyzeck* (entst. 1836), wie die Untreue der Geliebten die Hauptfigur in eifersüchtiger Verzweiflung dazu treibt, sie niederzustechen. Doch wird das Motiv dieser Tat überlagert von gesellschaftlichen Problemen, Missbrauch und psychischen Erkrankungen, die an der Zurechnungsfähigkeit Woyzecks zweifeln lassen. **Theodor Fontane** wendet sich in seinem bekanntesten Roman *Effi Briest* (1894) ebenfalls dem Ehebruch zu, aber er belässt es bei der Darstellung der tragischen Konsequenzen für eine Abweichung von der Norm in einem erstarrten Sozialgefüge und leitet aus dem großen Altersunterschied zwischen Effi und ihrem Gatten, Baron von Instetten, sein Mitgefühl für das tragische Schicksal seiner Hauptfigur ab. Dem Baron gerinnt seine Eifersucht nach dem Auffinden von verräterischen Briefen schnell zu einem gesellschaftlichen Fakt, das kühl und konsequent den dafür vorgesehenen gesellschaftlichen Sanktionen (Duell) zugeführt wird. **Robert Musil** zeichnet da in seiner Novelle *Tonka* (1923) ein weitaus differenzierteres Bild. Ein junger

3.1 Entstehung und Quellen

Wissenschaftler aus gutem Hause baut ein zwiespältiges Verhältnis zu der in einfachsten Verhältnissen lebenden, ihm rätselhaften Tonka auf. Als seine proletarische Geliebte nach Jahren des Zusammenlebens ein Kind erwartet, meint der Protagonist, es müsse in einer Zeit seiner Abwesenheit gezeugt worden sein; Tonka selbst gibt sich zurückhaltend, schweigsam und unschuldig. Eifersüchtig schwankt Musils Held während der gesamten, von schwerer Krankheit begleiteten Schwangerschaft zwischen Glaube und Zweifel. Der Tod Tonkas lässt ihn in allen Ungewissheiten zurück.

Zwischen Zweifel und Glaube

Am nachhaltigsten wird die Problematik von Ehebruch und Eifersucht jedoch immer noch von **Shakespeare** in *The Tragedy of Othello, the Moore of Venice*, der *Tragödie von Othello* (1603/04) gestaltet, auch wenn hier gar kein Ehebruch vorliegt, sondern er vom Protagonisten nur unterstellt wird.

Shakespeares Othello

Das Theaterstück, das Gottfried Klausen bei der Royal Shakespeare Company besucht (77), liefert ihm in dem zitierten Textauszug aus dem V. Akt, Zweite Szene, Vers 1–3 und 7 (88) den Satz, den er angesichts der vermeintlichen Beziehungskrise mit seiner Frau Xenia nicht mehr vergessen kann:

> *„It is the cause, it is the cause, my soul,*
> *Let me not name it to you, you chaste stars !*
> *It is the cause ... Put out the light."*

> *„Die Sache will's, die Sache will's, mein Herz!*
> *Lasst sie mich euch nicht nennen, keusche Sterne! –*
> *Die Sache will's ... Tu' aus das Licht."*
> *(Übersetzung von Wolf Graf Baudissin)*[14]

---

14 William Shakespeare: *Sämtliche Werke in vier Bänden*. Hrsg. von A. Schlösser. Berlin /Weimar: Aufbau, Bd. 4: Tragödien, 1989, S. 484.

3.1 Entstehung und Quellen

> „Es ist die Schuld, es ist die Schuld, mein Herz.
> – Lasst sie mich euch nicht nennen, keusche Sterne! – Die Schuld! ...
> Lösch aus das Licht!"
> (Übersetzung von Erich Fried)[15]

Inhalt von Shakespeares Tragödie

Shakespeares Tragödie hat folgenden Inhalt:
Der venezianische Feldherr Othello, ein Farbiger, der gegen den Willen ihres Vaters die schöne Desdemona geheiratet hat, fordert die Rache des Fähnrichs Jago heraus, als er diesen bei einer Beförderung übergeht. Als Othello nach Zypern abkommandiert wird, um dort den Angriff der Türken abzuwehren, folgt Desdemona ihm in Begleitung Jagos und Rodrigos, der vergeblich um sie geworben hat. Da ein Sturm die türkische Flotte vernichtet, beschließt Othello, die Siegesfeier mit seiner Hochzeitsfeier zu verbinden. Derweil spinnt Jago eine Intrige gegen Othello, indem er Rodrigo einredet, Desdemona habe ein Verhältnis mit Leutnant Cassio, den Othello statt seiner befördert hat. Als Othello das erfährt, entlässt er Cassio, während Jago und Rodrigo Desdemona bestürmen, sich für Cassio bei Othello einzusetzen. Zugleich bedeuten sie Othello, Desdemonas Fürsprache beruhe auf ihrer Liebe zu Cassio. Als dem eifersüchtigen Othello vermeintliche Beweise vorgelegt werden, befiehlt er Jago, Cassio umzubringen, während er selbst Desdemona töten will. Jago stiftet aber Rodrigo zum Mord an Cassio an, den er als dessen Nebenbuhler darzustellen versteht. Cassio überlebt jedoch Rodrigos Attentat, während der von Jago als angeblicher Meuchelmörder erstochen wird. Obwohl Desdemona ihre Unschuld beteuert, wird sie vom rasenden Othello erwürgt, der sich auf die Zeugenschaft Jagos beruft. Es gelingt Desdemonas Kammerfrau Emilia noch, Jagos Intrige aufzudecken, bevor dieser sie ersticht. Othello erkennt

---

15   Erich Fried: *Shakespeare*. Bd. 3. Frankfurt/M.: Zweitausendeins, 7. Aufl. 1995, S. 135.

3.1 Entstehung und Quellen

Othello wird von seiner Eifersucht übermannt – Szene aus einer Inszenierung an der Schaubühne Berlin 2010
© ullstein bild – Lieberenz

3.1 Entstehung und Quellen

Langes Novelle und Shakespeares Stück

seinen tragischen Fehler und stürzt sich in sein Schwert. Jago wird dem Gouverneur überantwortet und Cassio Befehlshaber in Zypern. Lange knüpft an dieser Variante der Eifersucht an, wenn er Gottfried Klausen seine Ehefrau der Untreue verdächtigen lässt, ohne das sein Protagonist verlässliche Beweise dafür hat. Es wird schwierig, Klausens Verdächtigungen zu bewerten, weil die gesamte Erzählung aus seiner Perspektive dargestellt wird und somit kein objektives Bild der Verhältnisse entsteht. Es gibt weder vermeintliche Zeugen einer Untreue der Ehefrau, noch irgendwelche Beschuldiger, aber auch keine Anklage und keine Verteidigung. Die Schuldfrage wird nicht gestellt. Klausens Vermutungen stützen sich allein auf Geschehnisse, die er mit dem ihm gewohnten Erfahrungsrepertoire nicht anders als mit einer Affäre seiner Frau mit einem ihm unbekannten Mann erklären kann.

3.2 Inhaltsangabe

ZUSAMMENFASSUNG

Der Wirtschaftsjournalist Gottfried Klausen wird beruflich ins nasskalte London versetzt und hofft, seine Frau Xenia werde ihm von ihrem gemeinsamen Haus in der Dorotheenstraße im Berliner Südwesten folgen. Aber sie tritt den gebuchten Flug nicht an. Telefonate schlagen fehl; wiederholt meldet sich am anderen Ende der Leitung eine Männerstimme. Als der isländische Vulkan Grimsvötn mit seiner Aschewolke über Europa verhindert, dass Klausen nach Berlin zurückfliegen kann, um dort mit seiner Frau die Situation zu klären, spielt seine Fantasie verrückt. Unter dem Eindruck eines Besuchs von Shakespeares Eifersuchtsdrama *Othello* kreisen seine Gedanken nur noch um den möglichen Ehebruch seiner Frau. Er vernachlässigt seine Arbeit und lässt sich nach Schwierigkeiten mit seiner Redaktion nach Island versetzen. Damit bricht die Erzählung ab. Die Novelle schließt mit Erwägungen des Erzählers, wie Klausen sich weiter verhalten könnte, und deutet eine Gewalttat in der nahen Zukunft an.

Die Novelle ist in sechs Kapitel gegliedert:

1. Das Ehepaar Klausen hat in der abseits gelegenen Dorotheenstraße in Kohlhasenbrück an der Grenze zwischen Berlin-Wannsee und Potsdam, wo die Nathanbrücke über den Teltowkanal führt, ein älteres Haus gekauft. Gottfried Klausen hat Mitte Februar den Posten des Wirtschaftskorrespondenten einer überregionalen Tageszeitung in London übernom-

Probleme einer Fernbeziehung

3.2 Inhaltsangabe

men. Seine Frau möchte aber vorerst in der Dorotheenstraße bleiben.

2. Nach sechs Wochen sitzt Klausen immer noch allein in seinem Zweizimmerapartment in London. Er ist unzufrieden und kommt mit dem Wetter nicht zurecht. Eines Tages besucht er eine Aufführung des Ehedramas *Othello*, dargeboten von der Royal Shakespeare Company, und findet das Stück unglaubwürdig, weil Othello, statt die vermeintliche Untreue seiner Ehefrau Desdemona vernünftig zu hinterfragen, diese eifersüchtig umbringt. Als er nach der Vorstellung seine Frau Xenia anruft, erreicht er sie weder über Handy noch Festnetz. Mit der Beruhigung, seinerseits die Telefonverabredung eingehalten zu haben, legt er sich schlafen. In der Nacht wird er wach, ist irritiert und fühlt sich fremd.

3. Am nächsten Morgen schlägt er seiner Frau eine seiner Meinung nach geeignete Dreizimmerwohnung in der Londoner Gower Street vor, allerdings müsse der Vertrag in spätestens zwei Wochen unterschrieben sein. Als er seiner zögernden Frau seine Einsamkeit klagt, verabreden beide, dass Xenia am kommenden Sonntag nach London fliegen solle, um sich die Wohnung anzusehen. Zeitig wartet er mit einem Veilchenstrauß in der Hand vor dem Gate, doch Xenia kommt nicht. Als er sie über sein Handy anruft, antwortet ihm eine unbekannte Männerstimme. Klausen legt sofort auf und reagiert während der Heimfahrt nicht einmal mit einem Blick auf das wiederholte Klingeln. Er unterstellt eine falsche Verbindung und

Die Londoner Gower Street
© Wikipedia

3.2 Inhaltsangabe

    findet verschiedene Gründe dafür, sich keine Sorgen machen zu müssen. Als er Xenia dann endlich erreicht, ist ihm ihre Entschuldigung nicht wichtig; er nimmt alle Schuld auf sich und zeigt sich bemüht, baldmöglich nach Berlin zu kommen.

4. In den folgenden Wochen arbeitet er sehr intensiv, um eine Woche Urlaub in Berlin verbringen zu können. Am Abend vor seiner Abreise muss er wegen eines Brandgeruchs seine Schlafzimmerfenster schließen. Am Tage seines Abflugs (21. oder 24. Mai 2011) muss er feststellen, dass infolge eines Ausbruchs des Vulkans Grimsvötn in Island der Flughafen Heathrow geschlossen ist. Als er Xenia davon unterrichten will, hört er erneut eine Männerstimme und im Hintergrund Xenias Lachen. Xenia meldet sich nicht.   *Ein Vulkan bricht aus*

5. Klausen ist wie betäubt. Doch statt sich mit einem erneuten Anruf Klarheit zu verschaffen, sucht er nach möglichen Erklärungen, die in dem Verdacht münden, seine Frau betrüge ihn. Als er Tage später erneut eine *Othello*-Vorstellung besucht, verlässt er das Theater, bevor Othello im fünften Akt seinen Eifersuchtsmonolog hält, in dem er mit den Worten „Put out the light" Desdemonas Tod beschließt. Klausen sucht einen Pub auf, um alles zu überdenken.

6. Die Mordaufforderung „Put out the light" geht ihm nicht mehr aus dem Kopf. Er wird bei seiner Arbeit fahrig, recherchiert schlampig und berichtet von Privataffären einiger Abgeordneter sowie von Orientierungsproblemen im Londoner Nebel. Als sein Chefredakteur diese Berichte nicht akzeptiert, bittet Klausen, ihn zu versetzen, weil er sich mit London nicht anfreunden könne. Er möchte zunächst nach Island geschickt werden, um über das dortige Aschefeld zu berichten. Hier   *Offenes Ende*
bricht der Erzähler die Darstellung von Gottfried Klausen mit den Worten ab, man wisse nicht, was danach geschehen sei.

3.2 Inhaltsangabe

Stattdessen fragt er sich, warum Klausen nicht nach Hause in die Dorotheenstraße wolle, um wenigstens seine persönlichen Sachen zusammenzusuchen. Dort habe wegen der warmen Witterung die Kastanienblüte begonnen, und von der Nathanbrücke aus sei das immer hell erleuchtete Haus kaum noch sichtbar. Die Frau, die in dem Haus lache, solle sich aber nicht zu sicher fühlen. Denn es könne sein, dass eines Nachts der Hausherr doch noch zurückkäme, „Put out the light" riefe und alles Licht im Hause löschte.

3.3 Aufbau

> **ZUSAMMENFASSUNG**
>
> In der Novelle lassen sich zwei Aufbauprinzipien erkennen:
> → ein symmetrischer Aufbau nach Kapiteln und Textquantität,
> → ein an der Gliederung eines fünfaktigen Dramas orientierter Aufbau nach dem Handlungsverlauf.
>
> Beide Aufbauprinzipien ergänzen sich und verweisen auf die Vielschichtigkeit des Textes.

Der Aufbau der novellistischen Erzählung *Das Haus in der Dorotheenstraße* stellt sich zunächst symmetrisch dar, da sowohl das erste als auch das letzte der sechs Kapitel durch einen Absatz zweigeteilt ist. So ergibt sich eine aufsteigende, positive Hälfte (Kapitel 1–3) und eine absteigende, negative (Kapitel 4–6). Diese Gliederung wird gestützt durch die Quantitätsverteilung des Textes. Gut geschriebene Texte verfügen oft über sogenannte **ästhetische Orte**, an denen sich wichtige Aussagen verdichten und kulminieren. Sie werden in der Regel von den Autoren rein intuitiv besetzt. Solche ästhetischen Orte sind schon seit der mittelalterlichen Literatur bekannt und nachweisbar und befinden sich nicht selten an Textstellen, die sich umfangs- und mengenmäßig nach proportionalen Gesetzen errechnen und bestimmen lassen. Die Novelle Langes ist hinsichtlich ihrer ästhetischen Orte viergeteilt:

→ Das erste Viertel endet nach 115 Zeilen auf S. 78 mit Klausens gedanklicher Ablehnung eines Eifersuchtsmordes, wie ihn Othello an seiner unschuldigen Ehefrau Desdemona verübt.

→ Das zweite Textviertel, also die quantitative Mitte des Textes, befindet sich auf Seite 82, wo Klausen sich eingesteht, dass

Symmetrischer Aufbau

Vierteiliger Aufbau

3.3 Aufbau

es ihm zumutbar sei, nach Berlin zu fliegen, um mit Xenia zusammen sein zu können. Bis hierhin ist die Welt Klausens noch weitgehend in Ordnung und eine positive Lösung des sich andeutenden Eheproblems möglich.
→ Das dritte Viertel endet auf S. 88 mit Klausens erschreckendem Verdacht, das Lachen Xenias, das er am Telefon zu hören meint, könne aus dem Schlafzimmer ihres Hauses in der Dorotheenstraße stammen und auf die Untreue seiner Frau verweisen. Dieser Verdacht nimmt das Eifersuchtsmotiv des ersten Viertels auf, verwandelt es von einem kulturellen Erlebnis in eine persönliche Betroffenheit und infiziert Klausen geradezu.
→ Das letzte Viertel erhebt dann mit der Andeutung verschiedener Problemlösungsmöglichkeiten die Frage, ob Klausen trotz seiner vorherigen Ablehnung dem Handlungsbeispiel Othellos folgen wird.

Alternative Gliederung

Es gibt aber noch eine andere Gliederungsmöglichkeit, die sich an der **Handlungsentwicklung des Textes** orientiert. Da die Formen der künstlerischen Gestaltung bei Hartmut Lange, wie er selbst betont, ihre Wurzeln in der dramatischen Gattung haben, verwundert es nicht, wenn seine Novellen oft eine dramatische Struktur besitzen. Das ist für eine Novelle durchaus sinnvoll und zählt sogar zu ihren besonderen Erkennungsmerkmalen. Die Novelle wird deshalb gelegentlich als eine Zwischengattung zwischen Erzählung und Drama betrachtet, so wie die Ballade als eine Zwischengattung zwischen Drama und Lyrik aufgefasst werden kann. Die dritte Zwischengattung, die Merkmale der Prosa und der Lyrik aufweist, das Epos, der eigentliche Ursprung der Prosa, hat heute kaum noch Bedeutung.

Fünfaktige Dramenstruktur

Man kann dem Handlungsverlauf der vorliegenden Novelle mühelos die Gliederung eines fünfaktigen Dramas unterlegen. In

3.3 Aufbau

den Kapiteln 1 und 2 entfaltet Lange die Exposition, indem er in Gestalt des Ehepaars Klausen die zentralen Figuren einführt und auf die Problematik ihres Wohn- und Eheverhältnisses hinweist. Diese Problematik erfährt in Kapitel 3 eine Steigerung, weil Xenias Ankunft in London ausbleibt und Gottfried Klausen im Zuge eines Anrufs bei seiner Frau statt ihrer eine Männerstimme am anderen Ende der Leitung vernimmt. Die Peripetie der Handlung wird in Kapitel 4 durch den Ausbruch des Vulkans Grimsvötn gekennzeichnet. Erneut ist Gottfried statt mit seiner Frau mit einer Männerstimme verbunden, die im Hintergrund von einem Frauenlachen begleitet wird, von dem er meint, es eindeutig seiner Frau zuordnen zu können. Das fünfte Kapitel bringt die Retardierung, insofern Gottfried den in ihm geweckten Verdacht reflektiert, ob seine Frau Xenia ihn betrügt. Seine Eifersucht ist geweckt, sodass er bei einem erneuten Besuch der *Othello*-Aufführung sogar vor der Erdrosselung Desdemonas das Theater verlässt, als fürchte er sich davor, zu stark von diesem Lösungsweg eines Ehebruchproblems beeinflusst zu werden. Die Katastrophe erfolgt dann im 6. Kapitel, oder besser gesagt, sie könnte hier erfolgen. Aber Gottfried Klausen weicht einer klärenden Lösung seines vermuteten Eheproblems aus. Statt in einem persönlichen Gespräch mit seiner Frau den vermeintlichen Sachverhalt oder die möglichen Missverständnisse und Irrtümer aufzuklären – was er ja Othello als Unterlassung ankreidet –, lässt er sich nach Island versetzen. Damit wird die endgültige Lösung des Problems aber nur aufgeschoben. Es bleibt dem Erzähler vorbehalten, die Scheinlösung Gottfrieds zu kritisieren und Xenia davor zu warnen, ihr Mann könnte eines Tages vielleicht doch noch die Tat Othellos nachahmen. Da die Katastrophe des dramatischen Handlungsverlaufs weder dem Schluss einer Tragödie noch dem einer Komödie entspricht, liegt somit ein offenes Ende vor.

3.3 Aufbau

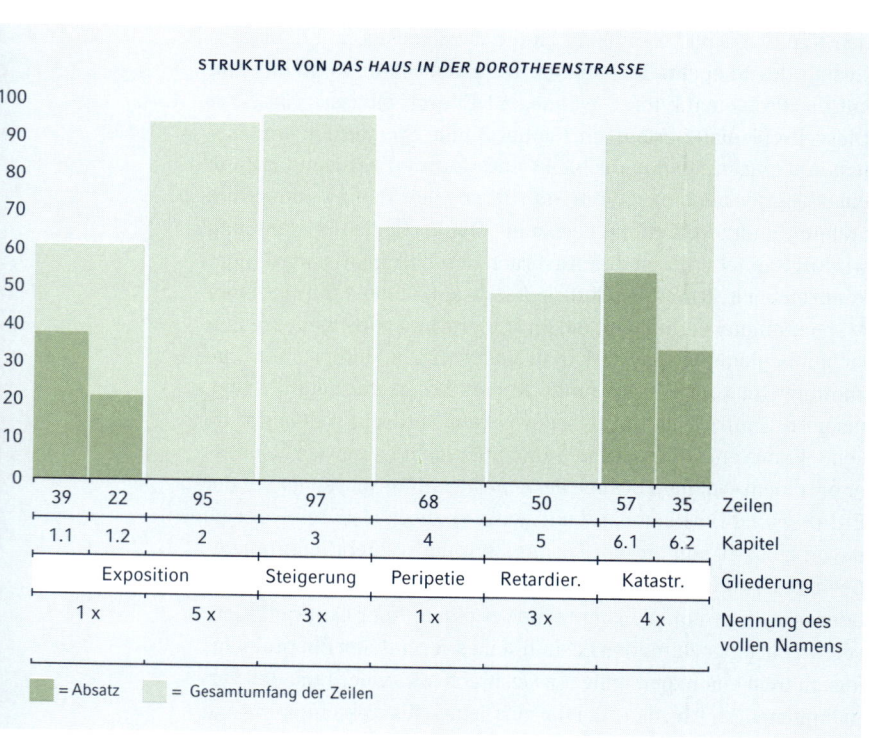

Diktierte Texte

Dass sich in einem literarischen Werk mehrere Aufbaustrukturen überlagern, ist nichts Ungewöhnliches, sondern spricht für die Vielschichtigkeit des jeweiligen Textes. In Hartmut Langes Novelle wird diese Komplexität noch durch ein Netz von Motiven gestützt und unterfüttert. Man könnte also annehmen, der Autor habe viel Zeit auf die künstlerische Gestaltung seines Textes verwendet, aber dem ist nicht so. Die Texte Hartmut Langes entstehen zumeist durch Diktat. Er diktiert sich und seiner Frau Satz für Satz, dann vergleicht man

3.3 Aufbau

die Texte, diskutiert eventuelle Varianten und nimmt ggf. Korrekturen vor. So erklärt sich auch die Widmung des Novellenbandes „Ich bedanke mich für die Mitarbeit meiner Frau" (S. 5). Die Texte entstehen also bereits mit dem ersten Versuch, an ihnen wird nicht weiter sprachlich gefeilt, und sie werden keiner späteren Überarbeitung unterzogen. Lange hat sogar einmal geäußert, er könne seine Novellen auch in aller Öffentlichkeit gleich in der Druckfassung erstellen. Die Fähigkeit dazu habe er sich als Dramatiker erarbeitet.[16] Gleichwohl sind seine Texte anerkanntermaßen durchaus künstlerisch anspruchsvolle, komplex gestaltete Werke.

---

16 Vgl. S. 100 f. dieser Erläuterung.

3.4 Personenkonstellation und Charakteristiken

3.4 Personenkonstellation und Charakteristiken

ZUSAMMEN-FASSUNG

Hartmut Langes Novelle *Das Haus in der Dorotheenstraße* kann man nahezu als Ein-Mann-Erzählung bezeichnen, da selbst seine Ehefrau Xenia nur eine Nebenrolle spielt. Das Verhältnis der Eheleute erscheint zwar vordergründig paritätisch und partnerschaftlich zu sein, doch wird an den Verhaltens- und Denkweisen Gottfried Klausens deutlich, dass er sich in einer dominanten Rolle sieht.

Gottfried Klausen

Wirtschafts-korrespondent

Gottfried Klausen ist ein Mann, von dem wir nur sehr wenig erfahren. Wir kennen sein Alter nicht, schätzen ihn aber auf vielleicht um die vierzig Jahre. Wir wissen, dass er mit Xenia verheiratet ist, Kinder scheint das Ehepaar nicht zu haben. Wir kennen seinen Wohnort Kohlhasenbrück, wissen, dass er ein wegen seiner klaren Analysen und seines nüchternen Stils geschätzter Wirtschaftskorrespondent einer Zeitung ist (74,19 f. u. 77,8 f.), mehrere Fremdsprachen spricht (74,25) und seinen beruflichen Einsatzort in London hat. Aber wir kennen seine Lebensgeschichte nicht, wissen nicht, wie und warum er so geworden ist, wie er sich uns darstellt. Wir kennen sein Aussehen nicht und können ihn uns nicht vorstellen. Gottfried Klausen bleibt uns als Leser deshalb zunächst eher fremd. Wir begegnen weniger einem Individuum als vielmehr einem Typ.

Intellekt und Rationalität

Und doch zeigt Klausen keinen einheitlichen Charakter, der ihn uns als einen bestimmten Typen klassifizieren lässt, sondern besitzt unterschiedliche Züge. Die meisten definieren sich über seine berufliche Tätigkeit. Klausen übt eine Tätigkeit aus, in der er sich hauptsächlich mit theoretisch-abstrakten Themen (Wirtschaft) zu

3.4 Personenkonstellation und Charakteristiken

befassen hat. Sein erkennender Intellekt wird ebenso hervorgehoben wie seine nüchterne Rationalität. Man schätzt seine Genauigkeit, seine Präzision (74,25), seine Sorgfalt, seine Gründlichkeit (74,23), seine Übersicht. Klausen liebt seinen Beruf, geht trotz der sich einstellenden Routine (77,13) ganz in ihm auf und genießt die allseitige Anerkennung. Diese Eigenschaften erlauben es, ihn gemäß der Einteilung von Fritz Riemann als einen schizoiden Menschen mit leicht zwanghaften Zügen auszumachen.[17] Klausen ist deshalb aber nicht krank, sondern ein durchaus normaler Mensch. Seine schizoide Grundstruktur basiert vielmehr darauf, dass es ihm nur unzureichend gelingt, sein rationales und emotionales Leben zu vereinheitlichen und zu harmonisieren.

Seine Ehe mit Xenia ist nicht Folge einer affektvollen Leidenschaft, sondern eher Resultat einer aus Gewöhnung erfolgten praktischen Erwägung (73,17 ff.). Die Beziehung scheint mehr auf gemeinsamen Interessen zu beruhen (Hauskauf) als auf erotischer Anziehung, sodass sie eher geschwisterlich-kameradschaftliche Züge trägt (Verabschiedung auf dem Flughafen Schönefeld, 75,13 f.). Von Liebe wird im Text an keiner Stelle gesprochen. Obwohl wir dem Geschehen nur aus der Perspektive Gottfrieds folgen können, drängt sich der Eindruck auf, dass die eheliche Beziehung letztlich nicht partnerschaftlich ausgerichtet ist, sondern von Gottfried bestimmt und dominiert wird.

Vernunftehe

Denn er allein entscheidet über seinen beruflichen Einsatzort und meint das partnerschaftliche Verhältnis erfüllt zu haben, wenn er sich an abgesprochene Vereinbarungen hält (78,21 f.). Er weiß sehr wohl, dass man eheliche Probleme in einem gleichberechtigten, partnerschaftlichen Gespräch lösen sollte. Aber dieses Be-

---

[17] Der Tiefenpsychologe Fritz Riemann (1902–1979) unterschied zwischen schizoiden, depressiven, zwanghaften und hysterischen Persönlichkeiten. Vgl. dazu: Fritz Riemann: *Grundformen der Angst*. München, Basel: Ernst Reinhardt, 42. Aufl. 2017.

3.4 Personenkonstellation und Charakteristiken

wusstsein unterliegt in der Praxis den unbewussten, animalisch anmutenden Verhaltensweisen und tradierten männlichen Rollenmodellen, die ihm eine Überwachung seines Besitzes nahelegen und damit einen eifersüchtigen Argwohn gegenüber seiner Gattin.

Depressive Züge

Klausen ist sich seiner selbst zunächst sicher. Er ist wie gewohnt ganz auf sich selbst konzentriert, nimmt den Posten in London an, obwohl seine Frau nicht mitkommt. Hier zeigt er leicht depressive Züge, als sich bei ihm wegen der räumlichen Trennung Gefühle der Ungeborgenheit und Einsamkeit einstellen, doch er handelt recht egoistisch nach der Reihenfolge Ich, Wir, Du (75,7 f.). Das fremde Land, die fremde Wohnung machen ihn sensibler und dünnhäutiger. Mit dem regelmäßigen Aufsuchen einer Themsebrücke versucht er vergeblich, seine neue Situation an die geliebten Momente auf der ihm vertrauten Nathanbrücke in Kohlhasenbrück anzupassen (77,15 f.). Er klagt seiner Frau gegenüber über sein Alleinsein in der Fremde (80,15 ff.), hat aber keinen Gedanken für *ihr* Alleinsein. Auch mit der in Aussicht genommenen Wohnung in der Gower Street meint er, über Lebensentscheidungen seiner Frau verfügen zu können. Ihre Erklärungen ihres Verhaltens und die Begründungen für ihre Entscheidungen sind ihm hingegen „unerheblich" (83,14). Die gemeinsame romantische Lebensidylle, der gewohnte zentrale Rückzugsort, den das Haus in der Dorotheenstraße repräsentiert, existiert nicht mehr, aber das wird von Gewohnheiten und Verabredungen kaschiert (78,21 ff.; 88,5 ff.). Jetzt reicht eine kleine Beunruhigung, um die dünne Oberfläche der Wirklichkeit zu durchbrechen und Verunsicherung, Illusion und Selbsttäuschung entstehen zu lassen. Shakespeares *Othello* liefert das literarische Alarmsignal. Nicht gelingende Telefonate und die nicht angetretene Londonreise seiner Frau irritieren Gottfried zwar, aber beunruhigen ihn noch nicht (82,6). Erst eine fremde Männerstimme am anderen Ende der Leitung sorgt für

Wachsende Verunsicherung

3.4 Personenkonstellation und Charakteristiken

eine Verunsicherung, auf die Klausen nicht vorbereitet ist. Noch glaubt er, mit rationalen Erklärungsversuchen, Zugeständnissen und Schuldübernahmen zur alten Selbstgewissheit und Problemfreiheit zurückgefunden zu haben (82,27 f.). Doch das erneute Hören einer Männerstimme und vor allem das Lachen einer Frau, in dem er das seiner Frau erkannt zu haben meint (86,15), lösen eine emotionale Reaktion aus, der sein rationales Denken nicht gewachsen ist (87,13). Da es ihm unmöglich ist, die Sachverhalte logisch aufzuklären, er einen unmittelbaren mitmenschlichen Umgang offenbar nicht gelernt hat, kann er sich nicht vorstellen, was in anderen Menschen vorgeht. Er ist auf Vermuten und Wähnen angewiesen, und so blühen Vorstellungskraft und Fantasie auf (87,20–88,7). Die Erkenntnis, dass er selbst über den Menschen, der ihm am nächsten steht, nicht alles weiß, befremdet und bedroht ihn. Dass er nicht einmal sich selber kennt, bleibt ihm jedoch verborgen. Erstmalig versagt sein gewohntes Programm zur Erfassung von Welt. Die Lücken des rational Erklärlichen wachsen und füllen sich mit dem Gefühlsgift, das er in der *Othello*-Aufführung kennengelernt hat. Vielleicht harmlose und natürliche Ereignisse und Verhaltensweisen werden spitzfindig ins Hintergründige und Absichtliche interpretiert und legen einer beginnenden Wahnvorstellung den Grund. Obwohl er die wahren Sachverhalte gar nicht erkennen kann, misst er seinen eigenen Mutmaßungen das Gewicht der Wirklichkeit zu und sieht in dieser Projektion psychopathische Gespenster, die sein Leben völlig durcheinanderbringen (90). Dies löst bei ihm eine innere Angst aus, die ihn sogar zu radikalen Lösungen drängt („Put out the light)". Der Vulkanausbruch des Grimsvötn versinnbildlicht dabei, wie elementar eine rational gehemmte Aggression zum plötzlichen Durchbruch gelangen kann. Das Unheimliche ist somit nicht nur ein Gefühl, das aus unerklärlichen Sachverhalten resultiert, sondern in noch höherem Maße die erschreckende Entdeckung der eigenen

Opfer der eigenen Fantasie

Unheimlichkeit der eigenen Psyche

3.4 Personenkonstellation und Charakteristiken

Psyche (91,18 f.). Das hat auch Rückwirkungen auf seine berufliche Tätigkeit, in die sich mehr und mehr nichtrationale, emotionale Kriterien einschleichen und seine Arbeitsergebnisse verderben. Klausen hat sich nicht mehr im Griff, stellt sich seiner eigenen Psyche aber nicht. Er verlegt seine Ängste in die Außenwelt und meint, sie in Form der Asche auf Island objektivieren zu können. Die geografische Selbst-Versetzung nach Island offenbart somit auch seine psychische Ver-rücktheit. Auf der einen Seite wirkt seine Versetzungsbitte wie eine kindliche oder pubertäre Trotzreaktion, mit der er vielleicht beabsichtigt, seine Frau für ihre vermeintliche Untreue zu bestrafen. Auf der anderen Seite belegt seine Entscheidung aber seine Feigheit, sich der ehelich problematisch gewordenen Situation zu stellen, gleicht die Selbst-Versetzung doch einer Flucht. Man gewinnt den Eindruck, als wolle er sich in Island lieber in einer Welt der grauen Asche einrichten, um dort die Grundmauern seiner Persönlichkeit aus dem Erstickungsfeld der von ihm unbeherrschten Gefühle auszugraben, und als könne er seine Frau nur deshalb aufgeben, weil er wegen seiner Ich-Bezogenheit im Grunde nie stark genug an ihr gehangen hat.

Tragischer Protagonist

Gemessen an dramaturgischen Begriffen ist Gottfried Klausen eine tragische Figur im Rahmen einer Schicksals-Tragödie.

Xenia

Die „Fremde"

Xenia, die Frau Gottfried Klausens, spielt nur eine Nebenrolle und löst doch den Konflikt im Bewusstsein ihres Mannes aus. Bereits ihr Name weist auf ihre Doppelfunktion hin: Für ihren Mann ist sie „die Fremde" geworden, weil er sich aufgrund seiner äußerlichen Abwesenheit von Berlin auch innerlich von ihr entfernt hat. Andererseits hat er aufgrund der misslungenen Telefonate, bei denen sich jeweils eine Männerstimme meldet, den Verdacht, dass sie auch „die Gastfreundliche" sein könnte, also einen Liebhaber hat. Das Symbol des

3.4 Personenkonstellation und Charakteristiken

Vulkanausbruchs, der Gottfrieds Flug zu seiner Frau verhindert, kann ebenfalls als Bild dafür gedeutet werden, dass ihre bislang gezähmten triebhaften Leidenschaften einen plötzlichen Ausbruch erfahren haben. So gesehen wäre Xenia als vernachlässigte Ehefrau zu betrachten, die sich durch ihren Mann in die Rolle eines Trabanten herabgewürdigt fühlt, aus der Rolle der braven, geduldigen, sich unterordnenden Rolle als Ehe- und Hausfrau aber ausbricht, sich eruptiv befreit, um endlich selbstbewusst ihren bislang unterdrückten und vernachlässigten Bedürfnissen nachzugehen.

3.5 Sachliche und sprachliche Erläuterungen

3.5 Sachliche und sprachliche Erläuterungen

73,1	**Teltowkanal**	ein fast 40 Kilometer langer Kanal, der der Schifffahrt zur Südumgehung Berlins dient und die Spree-Oder-Wasserstraße mit der unteren Havelwasserstraße verbindet
73,3	**Havel**	der längste rechte Nebenfluss der Elbe, der auch Berlin durchfließt
	Spree	linker Nebenfluss der Havel
73,7	**Havelberge**	bewaldetes hügeliges Gelände am Ufer des Woblitzsees, das zur Freizeit und Erholung genutzt wird
73,8	**Griebnitzsee**	schmaler langer See zwischen den Ortsteilen Berlin-Wannsee im Norden und Potsdam-Babelsberg im Süden
73,13	**Dorotheenstraße**	Villen-Straße in 14109 Berlin (Potsdam-Kohlhasenbrück)
74,8	**Art déco**	Design-Stil der 1920er und 1930er Jahre, der auf klare Linien, Funktionalität und reduzierte Ästhetik Wert legte und in dem das Überflüssige zur Hauptsache erhoben wurde
74,11	**Kohlhasenbrück**	heute im Berliner Ortsteil Wannsee des Bezirks Steglitz-Zehlendorf an der Grenze zu Potsdam
74,17	**Nathanbrücke**	Die Brücke über den Teltowkanal verbindet einen Parkplatz am Düppeler Forst mit der Siedlung Kohlhasenbrück.
74,18	**Kremnitzufer**	südliches Ufer des Teltowkanals, das nach Kohlhasenbrück führt
75,12	**Schönefeld**	neben dem Flughafen Tegel einer der beiden internationalen Verkehrsflughäfen Berlins, im Stadtteil Schönefeld gelegen
77,18	**Royal Shakespeare Company**	Theaterensemble in Stratford-upon-Avon, London und Newcastle

3.5 Sachliche und sprachliche Erläuterungen

77,24	**The Tragedy of Othello**	Eifersuchtsdrama von Shakespeare, vermutlich 1603/04 entstanden und uraufgeführt
80,5	**Gower Street**	Straße in Bloomsbury, Zentral-London, Universitätsviertel des *University College London* und Sitz der Schauspielschule Royal Academy of Dramatic Art
84,13	**Paddington**	Londoner Stadtteil im Bezirk City of Westminster; der Bahnhof Paddington schafft eine Hauptverbindung zum Flughafen Heathrow.
87,1	**Grimsvötn**	isländischer Vulkan, letzter Ausbruch im Mai 2011
88,11	*It is the cause...*	Vgl. S. 29 f. dieser Erläuterung.
89,2	**Pub**	abgeleitet von Public House: eine landesübliche Kneipe
82,17	**Linienbus Nr. 118**	verbindet Berlin-Zehlendorf mit dem Potsdamer Einkaufszentrum Stern-Center

3.6 Stil und Sprache

3.6 Stil und Sprache

ZUSAMMEN-FASSUNG

Langes Prosa wirkt mit ihrer schmucklosen und nüchternen Ausdrucksweise recht lapidar; die Erzählung wird fast ausschließlich im Bericht eines Er-Erzählers wiedergegeben. Gleichwohl ist der Text durch die Verwendung vieler Stilmittel, wiederkehrender Motive und einer differenzierten Symbolik sorgfältig strukturiert. Bemerkenswert sind die gegen Ende der Novelle zunehmenden Kommentare des Erzählers in der Rolle eines Chores.

Der Erzähler

Auktorialer Erzähler

Gleich zu Anfang der Novelle stellt sich der Erzähler als **auktorialer Er-Erzähler** vor, wenn er mit der Bemerkung „wie gesagt" (73,1) deutlich macht, dass er auch als Erzähler der ersten Novelle des Erzählbandes gelten will, wo er erstmalig und etwas genauer auf den Teltowkanal eingeht. Damit rückt das Erzähler-Ich nahe an das Ich des Autors Lange heran, da nicht alle Novellen des Sammelbandes von demselben Er-Erzähler erzählt werden und die vierte Novelle von einem Ich-Erzähler dargeboten wird. Dieser Er-Erzähler tritt hinsichtlich der Erzählperspektive als zeitgemäßer, aber etwas konservativer Erzähler auf, wie man vor allem an seiner Einstellung zu den Geschlechterrollen merkt.

Reservierte Distanz zum Protagonisten

Er nutzt seine auktorialen Möglichkeiten recht unterschiedlich aus. Zum einen verharrt er in einer reservierten Distanz zu Gottfried Klausen, der Hauptfigur der Erzählung, zum anderen schildert er die Geschehnisse zumeist aus der Perspektive Gottfrieds, sodass er sich überwiegend der **Position eines personalen Erzählers** annähert. Die Figur Xenia bleibt in beiden Perspektiven ausgeklammert, ja

3.6 Stil und Sprache

sie kommt in der distanzierten Sehweise des auktorialen Erzählers so gut wie gar nicht vor. Er führt sie namentlich nur ein, als das Ehepaar Klausen auf dem Flughafen Berlin-Schönefeld voneinander Abschied nimmt (75,12). Am Ende, wenn der Erzähler eine Warnung ausspricht, die an Xenia gerichtet ist, verwendet er ihren Namen aber nicht. An allen anderen Stellen des Textes erfahren wir von Xenia nur aus der Sichtweise Gottfrieds.

Die Überlegenheit des auktorialen Erzählers über seine Figuren macht sich vor allem zu Anfang der Novelle bemerkbar, wenn der Text auf Kohlhasenbrück und das Ehepaar Klausen eingeht. Hier breitet er sein lokales Wissen aus und bringt das Ehepaar Klausen mit wertenden Bemerkungen dem Leser nahe. Er weiß, dass sich die Eheleute aufgrund ihrer seit der Schulzeit bestehenden Beziehung hinsichtlich ihrer „Eigenarten und Interessen" „vertraut" sind (73,18 f.), dass das Haus in der Dorotheenstraße „ihnen das Gefühl von Geborgenheit" gibt (73,21), dass Gottfried „seinen Beruf sehr ernst" nimmt (74,20 f.), er über einen „präzisen Stil" verfügt (74,25) und dass schließlich Xenia „fürs Erste" „in dem Haus an der Dorotheenstraße" bleiben will (75,3 f.). Er weiß sogar, dass das Paar sich am Ende „etwas länger als gewöhnlich umarmt" (75,14). Letztlich skizziert er die Wohnverhältnisse Gottfrieds in London, bewertet die dem Protagonisten zugewiesene Zweizimmerwohnung als eng (76,12), hält es aber für unnötig, zu beschreiben, wo Klausen genau untergekommen ist. (76,2 f.). Das sind normale Äußerungen eines auktorialen Erzählers, der um seine Figuren und deren Hintergründe weiß und diese Kenntnis in die Darstellung des Handlungsverlaufs einfließen lässt. Eine Besonderheit liegt jedoch vor, wenn der Erzähler das aus der Perspektive Gottfrieds dargestellte Geschehen kommentiert, bewertet und in Frage stellt; denn damit entfernt er sich von der Handlungsdarstellung und wendet sich

Vertrautheit und Geborgenheit

3.6 Stil und Sprache

Kommentare des Erzählers

direkt an die Leserschaft. Dies geschieht im Verlaufe des Textes sechsmal:

→ **Zum ersten Mal** tritt dieser Kommentar sehr kurz auf (78,21–23) und liest sich beinahe wie eine erlebte Rede Klausens. Aber die Selbstanrede „Er, Klausen" statt „Er, Gottfried" spricht dagegen, dass die Selbstrechtfertigung des Protagonisten so zu lesen ist. Sie ist vielmehr die erste Situation, in der sich der Erzähler, wenn auch kaum merklich, von seiner Hauptfigur zu distanzieren beginnt.

→ **Zum zweiten Mal** formuliert der Erzähler einen Kommentar, wenn er, mit einem Topos einleitend, die Stimmung um einen Schlafenden beschreibt (78,26–79,18). In diesem Kommentar entwirft der Erzähler eine magische Situation. Das Zimmer des Schlafenden erscheint wie in einem Schattenreich – die sich jenseits des Fensters ins Unendliche weitende, aber vom Schlafenden nicht wahrgenommene Welt wie eine, die einer anderen Sphäre des Seins zugehört, die zu der des Schlafenden keine Beziehung hat und ihn beim Erwachen verstört. Lange benutzt hier ein doppeltes Bild, um die Befremdung zu kennzeichnen, die besonders Gottfried erfasst, wenn er in einem ihm nicht vertrauten Zimmer erwacht. Im ersten Bild (79,1–11) trennt das Fenster eine Innen- von einer Außenwelt. Während die Innenwelt als Schattenwelt durch die mythologische Anspielung in die Nähe einer Totenwelt gerückt wird, wird der Außenwelt als unerlöster Welt ein mystischer Charakter zugesprochen, als gelte es, sie wie in einem Märchen durch Wahrnehmung zu erlösen und in die reale Wirklichkeit des Tageslichts zu überführen. Dem Schlafenden aber entziehen sich beide Welten in gleichem Maße, obwohl sie vorhanden sind. Das zweite Bild (79,11–18) betrachtet den Zeitpunkt des Erwachens. Die ängstigende Fremdheit, die einen Schlafenden

3.6 Stil und Sprache

beim Aufwachen befallen kann, ist dadurch gegeben, dass sein Bewusstsein, möglicherweise noch mit Erinnerungen an Träume beschäftigt, noch nicht sofort mit der von der wahrnehmbaren Umgebung hergestellten Wirklichkeit kompatibel ist. Das Gefühl der Befremdung ist also auf die Unterschiedlichkeit des individuellen Bewusstseins zu der wahrgenommenen Realität zurückzuführen.

→ In der **dritten Kommentarstelle** (87,20–88,7) mischen sich zwei Darbietungsformen, da die Textpassage sowohl als erlebte Rede Gottfrieds aufgefasst werden kann wie als kommentierendes Fragebündel des Erzählers, mit dem er sich an die Leserschaft wendet. Für die erste Annahme spricht, dass diese Textpassage unmittelbar auf die Frage folgt, die Klausen gedanklich an sich selbst richtet: „Womit ließe sich das erklären?" (87,18 f.) Die letztere Annahme kann für sich ins Feld führen, dass der Erzähler von „Klausens Ehe" (88,5 f.) spricht, statt von „seiner Ehe". Der Anfang des Kommentars „War es wirklich so" unterstellt für beide Fälle eine distanzierte Betrachtung und Überprüfung des jeweiligen Realitätsbewusstseins. Hier wird zum ersten Mal sowohl der Verdacht der ehelichen Untreue formuliert wie der, hinsichtlich der Ehebeziehung möglicherweise einer Lebenslüge aufzusitzen.

Erlebte Rede oder auktorialer Kommentar?

→ Auch der **vierte Kommentar** (88,14–20) hat die gleiche zwitterhafte Erscheinungsform von erlebter Rede und Kommentar. Klausen erscheint bei der Überlegung, ob er sich die Ermordung Desdemonas im Theater noch einmal ansehen will, wie ein Süchtiger, dem es gelingt, dem Griff zur Droge noch einmal zu widerstehen. Die sich anschließende Beantwortung der Frage: „‚Nein', flüsterte Gottfried Klausen" (88,21) lässt vielleicht eher eine Form der erlebten Rede annehmen. Dann fällt aber dieser inneren Rede der Charakter einer Einrede zu, die von

Wie ein Süchtiger

3.6 Stil und Sprache

einer Gottfried Klausen übergeordneten Instanz stammt, die man auch sein Über-Ich oder Gewissen nennen könnte.

→ Am Ende der Erzählung, in der zweiten Hälfte des letzten Kapitels, gibt der Erzähler den Erzählbericht eigentlich auf, weil er nicht zu wissen vorgibt, was sich weiter ereignet hat (92,24). An dessen Stelle treten zwei Erzählerkommentare **(also Kommentare Nr. 5 und 6)**, zum einen in Form eines viergliedrigen Fragebündels (92,10–23) und zum anderen in Form einer Warnung an Xenia, nicht zu früh zu lachen, und einer realistisch gefärbten Vermutung zur Lösung des Eheproblems, nach der Gottfried wie sein literarisches Vorbild Othello handeln wird (93,7–18). Besonders in den vier Fragen wird deutlich, dass der Erzähler sich von seinem Protagonisten entfernt hat. Er tritt ihm vorwurfsvoll und anklagend gegenüber, verlangt von ihm Rechenschaft, warum er nach Island zu fliegen gedenkt statt nach Berlin, und bezweifelt, dass Klausen je wieder nach Kohlhasenbrück zurückkehren könne.

Sich steigernde Einmischung

Diese sechs Kommentare enthalten eine Steigerung. Von einem Allgemeinplatz über einen vorwurfsähnlichen Einwand und ein überprüfendes Bedenken zu einem vorwurfsvollen Bedenken und schließlich einer drohenden Warnung. Der Erzähler nimmt zudem eine Position ein, wie sie im antiken Drama dem Chor zufiel.

Chorähnliche Position

Ursprünglich diente der Chor dazu, dem Publikum Hintergrundinformationen zu geben, um der dramatischen Handlung folgen zu können. Er analysierte, kommentierte und deutete das Geschehen entweder aus der Perspektive einer Volksmasse oder aber einer sowohl den Figuren wie Zuschauern übergeordneten moralischen Instanz und konnte auch als Sprachrohr des Autors gelten. Hartmut Lange schließt sich dieser Funktion des Chores an – er setzt in seinem Theaterstück *Hundsprozess* sogar sechs Chöre ein –, entpersonalisiert ihn aber in der Novelle und verlagert ihn in den Er-Erzähler.

3.6 Stil und Sprache

Der Satz „Was letztlich geschah, wir wissen es nicht." (92,24) macht deutlich, dass diese potenzielle Lösung vom Leser nicht akzeptiert zu werden braucht. Er darf den Schluss der Geschichte selbst finden, ganz im Sinne der Frage Gottlieb Biedermanns, der sich am Ende des Stückes *Biedermann und die Brandstifter* von Max Frisch mit der Frage an das Publikum wendet: „Was hätten Sie denn getan, Herrgottnochmal, an meiner Stelle?"[18]

Auffällig ist die Unzuverlässigkeit des Erzählers. Er spart viele Informationen aus und vorenthält dem Leser sogar das Ende der Geschichte. Der kennt nicht das Alter der Figuren, kann sich ihr Aussehen nicht vorstellen, weiß nicht, ob Xenia bei den anderen Auslandseinsätzen ihren Mann begleitet hat und jetzt erstmalig zu Hause bleibt und auch nicht, ob Klausens Verdacht gerechtfertigt ist. Das Verschweigen aller telefonischen Äußerungen Xenias lässt die Ehefrau geradezu zu einem Phantom gerinnen. Zum Verschweigen ist auch das Nicht-Gesagte zu rechnen. Wenn Klausen meint, man müsse sich um die gemeinsame Wohnung kümmern (80,1), ist ihm vielleicht nicht klar, dass er sich vornehmlich um die gemeinsame Beziehung kümmern müsste. Wenn es ihm wichtig ist, wieder einmal auf der Nathanbrücke zu stehen (83,21 f.), ist ihm seine Frau Xenia offenbar weniger wichtig. Auch hinsichtlich der Handlungsdarstellung häufen sich mangelnde Präzision, Ungenauigkeiten und Lücken. So arbeitet der Erzähler mit indefiniten Aussagen, die mit „irgend" gekennzeichnet sind (75,1; 76,6; 77,20; 79,12; 82,2; 82,4; 90,9; 93,10), versteckt sich hinter einem „vielleicht" (76,4; 79,12; 88,3; 91,14) oder „möglich" (75,11; 79,16; 80,20; 82,21; 91,27) oder „so etwas wie" (78,27; 84,19). Auch die Zeitangaben sind unpräzise. Nach dem ersten Telefonat mit der Männerstimme arbeitet Klau-

Unzuverlässigkeit des Erzählers

---

18 Max Frisch: *Biedermann und die Brandstifter. Ein Lehrstück ohne Lehre.* Frankfurt am Main: Suhrkamp, 1963, S. 67.

3.6 Stil und Sprache

sen zunächst „in den nächsten Wochen" (84,1), dann, beim zweiten Telefonat mit der Männerstimme, fand das erste erst „vor Tagen" (86,7) statt. Hinzu kommt, dass der Flughafen in Heathrow beim Ausbruch des Grimsvötn gar nicht gesperrt wurde, sondern nur für kurze Zeit einige Flüge über Europa ausfielen, z. B. nach Berlin am 24. 5. 2011.[19] Eine Sperrung erfolgte ein Jahr zuvor beim Ausbruch des Eyjafjallajökull.

Literatur der Diskretion

Auch sind **Lücken der Handlungsdarstellung** zu beklagen und zählen zu den Schwächen der Novelle. In ihnen müsste sich nämlich ein Geschehen vollziehen, das für die Entwicklung oder gar Lösung des zentralen Eheproblems konstitutiv wäre. Oder soll der Leser wirklich für glaubwürdig und nachvollziehbar halten, dass nach dem Ausbruch des Grimsvötn, dem Ausfall des Heimflugs und dem Telefonat, bei dem Klausen im Hintergrund „ein unterdrücktes Lachen" (86,14) vernahm, gar kein Kontakt mehr zwischen den Eheleuten stattfindet? Auf eine Veränderung der beruflichen Leistung (90,3–91,4), die sich auch nicht an einem Tage vollzieht, wird jedoch hingewiesen. Dieser Erzählstil entspricht Langes bevorzugter Vorstellung von einer „Literatur der Diskretion und des Abstandes", die sich der „Suche nach einer sinnstiftenden Auslegung des Daseins"[20] verweigert und in eine „Inszenierung der Verschwiegenheit"[21] mündet.

Das Raum-Zeit-System

Nachprüfbare Schauplätze

Der Raum, in dem die Handlung spielt, stellt sich zunächst als **geografischer Raum** dar. Das Haus in der Dorotheenstraße ist topo-

---

[19] Vgl. den Wikipedia-Artikel über Grimsvötn, Abschnitt 4.2.8: 2011 – Ausbruch in den Grimsvötn; https://de.wikipedia.org/wiki/Gr%C3%ADmsv%C3%B6tn2011:_Ausbruch_in_den_Gr.C3.ADmsv.C3.B6tn (Stand: Juli 2017).
[20] Banchelli, S. 167.
[21] Durzak, S. 9.

3.6 Stil und Sprache

grafisch korrekt und nachprüfbar im Süden Berlins an der Grenze zu Potsdam am Teltowkanal verortet. Auch die Erwähnung der Buslinie 118 ist ein Deiktikum, das auf die Realität verweist (92,17). Doch es bleibt nicht bei diesem geografischen Raum. Mit seiner Beschreibung schafft der Erzähler Symptome, die erst in einem **symbolischen Raum** ihre Aussagequalität gewinnen. Der Text selbst benennt diese Qualität als Geborgenheit (73,21). Der natürliche Umgebungsraum des Hauses in der Dorotheenstraße schafft eine Atmosphäre der Ruhe. Fernab vom Getriebe und Getöse der Großstadt ist es den Bewohnern hier, Einsiedlern gleich, möglich, zu sich selbst zu finden. Insofern ist der Name Klausen, abgeleitet von Klausner = Einsiedler, ein sprechender Name, der allerdings nur auf die Psyche des weltumtriebigen Gottfried zuzutreffen scheint und auf Xenia, die ja auch in dem Haus verbleiben will, als ihr Mann beruflich nach London beordert wird. Die abseitige, versteckte und nahezu uneinsehbare Lage des Hauses (93,1 f.) erleichtert zudem heimliche Seitensprünge, sofern Xenia ihren Mann wirklich betrügt. Das steht zwar keinesfalls fest, nährt aber im Falle von Eifersucht mögliche Verdachtsmomente bei der Hauptfigur. Diesem ländlich-idyllischen Raum ist der umtriebige, geschäftliche und enge Raum der Großstadt London kontrastiv gegenübergestellt. Das wird auch an den Deskriptionen feststellbar. Ein weiteres bedeutendes Element des natürlichen geografischen Raumes ist der isländische Vulkan Grimsvötn, dessen Ausbruch zwar faktisch belegt ist, dessen Realität aber ebenfalls eine symbolische Überhöhung erfährt. Dem soll im Rahmen der verwendeten Dingsymbole näher nachgegangen werden.

<small>Klausner = Einsiedler</small>

Die **Zeit der Handlung** reicht von Mitte Februar bis mindestens Ende Mai 2011. Die ersten Zeithinweise finden sich zu Beginn des zweiten Kapitels (76), wenn Gottfried Klausen Ende März unzufrieden ist mit dem Wetter. Zu diesem Zeitpunkt ist er aber bereits

<small>Zeithinweise</small>

3.6 Stil und Sprache

seit sechs Wochen in London. Also hat seine Abreise aus Berlin, womit ja die Novellenhandlung beginnt, etwa Mitte Februar stattgefunden. Der nächste markante Zeitpunkt wird vom Ausbruch des isländischen Vulkans Grimsvötn festgelegt (85, 87), und der fand am 21. Mai 2011 statt. Wie viel Zeit noch vergeht, in der Klausen „fahrig" wird und beginnt, „schlampig zu recherchieren" (90), bis er von der Redaktion in Berlin zur Rede gestellt wird, bleibt unklar. Man darf aber davon ausgehen, dass die Handlung mindestens bis zum Ende des Monats Mai reicht. Damit umfasst die **erzählte Zeit** etwa dreieinhalb Monate.

Wechsel in Gegenwartsform

Es wird normal im Tempus des **epischen Präteritums** erzählt; aber dazu gibt es drei Ausnahmen, wo der Erzähler ins **Präsens** wechselt. Die erste und längste Ausnahme erstreckt sich von Seite 78, Zeile 26 bis Seite 79, Zeile 18. Hier entfaltet der Erzähler einen seiner Kommentare. Solche Überlegungen sind selbstverständlich nicht Bestandteil der Erzählhandlung, beanspruchen allgemeine Gültigkeit und stehen deshalb in der Zeitform der Gegenwart. Die zweite Textstelle im Präsens findet sich auf Seite 81,3–8. Hier äußert der Erzähler ebenfalls eine allgemeingültige Aussage, diesmal über die Zustände am Londoner Flughafen Heathrow. Die dritte und kürzeste Passage im Präsens leitet den Schluss der Novelle ein (92,24 f.), wenn der Erzähler gesteht: „Was letztendlich geschah, wir wissen es nicht. Wir wissen nur, …". Hier ist das Präsens notwendig, weil sich der Erzähler erneut nicht zur Erzählhandlung äußert, sondern eine Aussage an die Leserschaft macht, die ihn selbst betrifft. Es ist interessant festzustellen, dass der Dramatiker Lange also darauf verzichtet, auf die dramatische Verwendung des Präsens zur Aktualisierung und Vergegenwärtigung eines Handlungsgeschehens zurückzugreifen, wie die „spannenden" Stellen einer Erzählung oft gestaltet sind.

3.6 Stil und Sprache

Da die Erzählzeit, die mit der Zeitdauer identisch ist und die der Leser braucht, um die Novelle zu lesen, deutlich kürzer ausfällt als die erzählte Zeitspanne von dreieinhalb Monaten – sie dürfte je nach Lesegeschwindigkeit zwischen zwanzig und dreißig Minuten betragen –, liegt der Novelle, wie nicht anders zu erwarten, eine **zeitraffenden Darstellung** zu Grunde. Diese Raffungen fallen jedoch unterschiedlich aus und verteilen sich auch unterschiedlich auf den Text. Dort, wo Gedanken, Aussagen oder Gespräche Gottfried Klausens wiedergegeben werden, muss die Zeitraffung selbstverständlich zugunsten einer zeitdeckenden Darstellung zurücktreten. Umgekehrt ist zeitdehnendes Erzählen dort möglich, wo der Erzähler bei Deskriptionen mehr Zeit zur Darstellung braucht als der alles auf einmal erfassende Blick eines Betrachters.

Erzählzeit und erzählte Zeit

Die Darbietungsformen des Erzählens

Deskriptionen befinden sich an sechs Stellen des Textes und stehen zueinander in einem inneren dialektischen Verhältnis.

Zoom-Effekt

- → Gleich zu Anfang des Textes (73,1–16) beschreibt der Erzähler die geografische Lage und Umgebung der Dorotheenstraße in Form einer Engführung so, dass der Leser das Gefühl hat, langsam zu dem Haus Klausens herangezoomt zu werden. Vor allem die Abgeschiedenheit und Zugangslosigkeit der Gegend wird betont.
- → Die zweite Deskription befasst sich mit diesem Haus selbst (74,2–8). Es wird als ein elegantes, aber renovierungsbedürftiges Haus im Art-déco-Stil beschrieben.
- → Mit der dritten, etwas indirekt gestalteten Beschreibung, die sich dem Zimmer Gottfrieds in London widmet (79,1–11), ist über drei Stufen die endgültige Nähe zur Hauptfigur hergestellt. Die Leserschaft wird in die intimste Nähe des Protago-

3.6 Stil und Sprache

nisten gestellt und darf der Atmosphäre des Schlafenden beiwohnen.

Londoner Wohnung als Gegenentwurf

→ Mit der vierten Deskription schafft der Erzähler wieder etwas Distanz. Er lässt Klausen seiner Frau die mögliche Wohnung in der Gower Street beschreiben (80,4–10). Diese moderne Wohnung in einem Universitätsviertel ist nicht nur wegen der Enge der Küche fast ein Gegenentwurf zu dem idyllisch gelegenen Haus in der Dorotheenstraße. Daran ändert auch der Schlafzimmerbalkon nichts, der einzig ein wenig Bewegungsfreiheit andeutet.

→ Die fünfte Deskription steigert den Eindruck von bedrückender Enge und unpersönlicher Menschenfülle, wenn der Erzähler die Verhältnisse am Flughafen Heathrow beschreibt (81,3–8).

→ Diese Londoner Verhältnisse stehen, verstärkt durch das unfreundliche Wetter der Stadt, in geradezu kontradiktorischem Gegensatz zum Haus in der Dorotheenstraße, dessen anheimelnde Lage und Befindlichkeit in der sechsten und letzten Beschreibung noch einmal hervorgehoben wird (93,4–7). Die nüchterne Aufzählung der Raumverhältnisse weckt dabei zwar den Eindruck eines relativ normalen Einfamilienhauses, aber die Einbettung dieses Hauses in seine unmittelbare Umgebung (92,25–93,3) verleiht ihm den Charakter einer verwunschenen Idylle, die aus der Sicht Gottfrieds in Gefahr steht, zu einer verwünschten Idylle zu werden.

Alle Deskriptionen fallen bis auf die einleitende erste relativ kurz aus, sodass es kaum gerechtfertigt erscheint, von zeitdehnenden Darstellungen zu sprechen.

Zeitdeckendes Erzählen

Ein zeitdeckendes Erzählen liegt bei der **Figurenrede** vor, die sich nahezu verengt auf die Darstellung von Klausens Artikulationen, seien sie als Gedanken unausgesprochen oder als Selbstge-

3.6 Stil und Sprache

spräch und Kommunikationsakt geäußert. Außer Klausen kommt nur sein Chefredakteur in Berlin noch zu Wort (91 f.), als er ihn dazu bewegen will, in London zu bleiben und zur gewohnten Qualität seiner Berichterstattung zurückzufinden. Der Erzähler verwendet alle Formen der Figurenrede: am häufigsten die direkte Rede (13-mal), was angesichts des Alleinlebens Gottfried Klausens fast verwundern kann. Der indirekten Rede, die achtmal vorkommt, wird aber durch den inneren Monolog, der zwölfmal auftritt, der Rang abgelaufen. Der Erzähler kennzeichnet diese Form der Figurenrede in doppelter Weise. Er verwendet einmal die Inquit-Formel – in der Regel „dachte er" (76,19 f.) – und zusätzlich eine halbe Anführung. Die erlebte Rede kommt viermal vor (z. B. 88,14–20) und hat zumeist die Tendenz, auch als kommentarhafte Reflexion des Erzählers gewertet werden zu können.

Die Sprache

Der Erzähler verwendet zumeist eine schmucklose, nüchterne Ausdrucksweise in bevorzugter Hypotaxe. Semantisch gibt es nahezu keine Auffälligkeiten. Nur drei Wortfelder heben sich ab:
→ ein **Wortfeld der Vernunft**, das geprägt ist von Begriffen wie „vernünftig" (74,1), „gründlich" (74,23), „präzise" (74,25), „Fakten" (77,21), „Nachweisbarkeit" (77,21), „Verabredung" (78,21) und „Klarheit" (87,14) ,
→ ein **Wortfeld des Gefühls**, dem Wörter zuzuordnen sind wie „Gefühl" (73,21), „Geborgenheit" (73,21), „Unzufriedenheit" (76,18), „Fremdheit" (78,27), „Gekränktheit" (82,26), „Geduld" (85,25) und „Zuneigung" (92,13),
→ und ein **Wortfeld der Kommunikation**, das sich aus Wörtern bildet wie „telefonieren" (76,13 f.) und „Handy" (78,12).

Beim Satzbau fällt die Vorliebe für einen hypotaktisch konstruierten Doppelsatz auf (73,1–6), dessen Glieder mit „und" verbunden

Hypotaktisch konstruierte Doppelsätze

3.6 Stil und Sprache

werden. Das verleiht der Sprache einen ruhigen, getragenen, nahezu musikalischen Satzrhythmus und damit einen fast „klassische(n) Tonfall"[22]. Die Tendenz zur hypotaktischen Verschränkung, 15-mal sogar noch durch Einschübe verstärkt, die von Gedankenstrichen gerahmt werden, lässt den Satzbau zuweilen an den Heinrich von Kleists erinnern. Die nüchterne Sprache lässt kaum ein bildhaftes und rhetorisches Sprechen zu. Nur zweimal findet sich ein Vergleich (85,20; 90,21 f.). Der Gebrauch rhetorischer Mittel beschränkt sich auf die Verwendung von Asyndeta (77,3–5), Ellipsen (76,4), Anaphern (79,1–3) und Wiederholungen (82,2–4). Das täuscht darüber hinweg, dass gern mit doppelsinnigen Andeutungen gearbeitet wird, bei denen sich der Erzähler auch umgangssprachlicher Aussageweisen bedient: „[er] bemerkte, wie kalt ihm der Wind ins Gesicht blies" (76,21), „es war Viertel vor zwölf" (78,24 f.), „dann wäre es möglich, dass sich zwei Welten, die zusammengehören, für Augenblicke nicht mehr berühren" (79,16 ff.), „in der Zollkabine erlosch das Licht" (82,3 f.), „hier spürte er so etwas wie Brandgeruch. Es war, wie ihm schien, nichts Gefährliches" (84,19 ff.), „und doch beschloss Gottfried Klausen, alles wieder zu verriegeln" (85,3 f.), das Othello-Zitat (88,11 ff.), „und zuletzt interessierte er sich (…) nur noch für den Stimmungswechsel" (90,10 ff.), „so dass man Mühe hätte, sich zu orientieren" (90,19 f.). All diese Textstellen erhalten ihren Sinn nicht nur aus dem Kontext, aus dem sie entnommen sind, sondern verweisen interpretativ darüber hinaus und bereiten auf diese Weise unterschwellig das Verständnis des Textes vor. Sie verweisen auf seine Ehesituation, auf die Dringlichkeit des Handelns, auf die Möglichkeit eines Sich-Auseinanderlebens, auf das Ende einer Beziehung, auf die Missachtung einer Gefahr, auf den Fehler des Sich-Ausschließens, auf die Ermordung des Ehepartners und

Wenige rhetorische Mittel

---

22 Demet, S. 22.

3.6 Stil und Sprache

auf die in Klausen ausgelöste Konfusion. Sie sind das fast unmerkliche Gegenlager zu den offen gestellten Fragen des Erzählers, die die Handlung kommentarhaft begleiten.

Die Symbolik

Die handgreifliche Symbolik gehört zu den Besonderheiten der Novellen Langes und seines Erzählens. Drei Ebenen der Symbolik lassen sich beschreiben: die Namenssymbolik der Figuren und Orte, die Pflanzensymbolik und die Dingsymbolik.

Namenssymbolik

Die Hauptfigur der Novelle hat einen ebenso sprechenden Namen wie die in Max Frischs Stück *Biedermann und die Brandstifter*: Gottfried Klausen statt Gottlieb Biedermann. Man kann beide **Vornamen** zunächst ironisch lesen, denn „Gottlieb" ist ebenso wenig der von Gott Geliebte wie „Gottfried" der von Gott Befriedete, ganz im Gegenteil. Man kann den ersten Namensteil aber auch aus dem Althochdeutschen herleiten, dann bedeutet „guot" nichts anderes als „gut". So gut und lieb, wie Biedermann sich gegenüber seinen ihn bedrohenden Gästen verhält, so gut und friedfertig möchte sich auch der von seinen eifersüchtigen Zweifeln heimgesuchte Klausen geben. Auf den **Namen Klausen** als Verweis auf einen Klausner, also einen Einsiedler, der sich in der Abgeschiedenheit seiner Klause eingerichtet hat, ist schon hingewiesen worden. Der zweite Teil seines Vornamens „-fried" ließe sich ebenso als Umfriedung verstehen und brächte dann sogar eine doppelte Abgrenzung gegen die Außenwelt zum Ausdruck. Letztlich ist es auch denkbar, seinen Vornamen wörtlich zu nehmen; dann wäre „Gottfried" derjenige, der sich gegenüber Gott friedfertig verhalten soll. Nur wäre mit dem Wortteil Gott in diesem Fall nicht der religiöse Gott gemeint, sondern das höchste Prinzip der jeweils verehrten Ideologie. Das ist bei Max Frischs Gottlieb Biedermann der Gott der Bequemlichkeit und bei Langes Gottfried Klausen der Gott der Wirt-

Der Gott der Wirtschaft

3.6 Stil und Sprache

schaft und des Business, dessen Berichterstattung er zu seinem Beruf gewählt hat. Der Name „Gottfried" kennzeichnete seinen Träger dann als einen opferbereiten Hohepriester des Kapitalismus.

Fremd oder gastfreundlich?

Auch der **Name Xenia** trägt eine schillernde Aussage. Abgeleitet vom griechischen „xenios" kann ihr Name einmal als „die Fremde" übersetzt werden, und zum anderen bedeutet er „die Gastfreundliche". Er kann also einmal darauf hinweisen, dass sie ihrem Mann fremd geworden ist, zum anderen aber auch darauf, dass sie in Abwesenheit ihres Mannes sich zu anderen Männern gastgebend verhält, also „fremdgeht" – womit beide Wortdeutungen wieder zusammenfallen. Letztlich erinnert ihr Name auch an Polyxena, die Tochter des trojanischen Königs Priamos und seiner Frau Hekabe, der einerseits ein landesverräterisches Liebesverhältnis zu Achilles nachgesagt wird, dem größten griechischen Widersacher der Trojaner, andererseits aber auch ein heroinenhafter Opfertod durch Achilles' Sohn Neoptolemos, der sie auf spirituelle Anordnung seines toten Vaters über dessen Grab ersticht. Hier wäre auch mit beiden Varianten ein Hinweis auf Xenias Ende als Sühne für den vermeintlich begangenen Verrat gegeben, dort am Vaterland, hier an der Gattenliebe. Und so schlösse sich der Kreis von **Homers** *Illias* zu Shakespeares Othello-Motiv.

Orts- und Straßennamen

Die Namenssymbolik setzt sich bei der Bezeichnung der Orts- und Straßennamen fort, obwohl es sich um nachweisliche Bezeichnungen der Wirklichkeit handelt. Aber da ein Autor frei ist, seine Namen auszuwählen, kann er sich für die Namen entscheiden, die seiner Textintention entsprechen. Schon allein der Ortsname „Kohlhasenbrück" bezeichnet durch die Assoziationen, die sein Name weckt – eine Gegend, in der sich fast buchstäblich „Fuchs und Hase gute Nacht sagen" –, einen markanten Gegensatz zur europäischen Metropole London. Eine weitere Namenssymbolik liegt im Namen

3.6 Stil und Sprache

der heimatlichen Wohnstraße vor, der **Dorotheenstraße**, die ja nicht nur der Novelle, sondern sogar der Novellensammlung den Titel gibt. Der Name „Dorothea" leitet sich aus dem Griechischen ab und bedeutet „Gottesgeschenk". Auch hier sind zwei Lesarten denkbar: Geschenk von Gott, d. h. ein ideales Wohnidyll auf dem Lande, oder aber auch Geschenk an Gott. Dieses Namensverständnis würde den möglichen Tod Xenias als Opferung an den Gott der Wirtschaft begreifbar machen. Diese Deutung wird durch die Tatsache gestützt, dass es in der Mitte Berlins parallel zum Boulevard „Unter den Linden" ebenfalls eine Dorotheenstraße gibt, die nach der Kurfürstin Dorothea von Brandenburg benannt ist. Diese Straße mit ihren denkmalgeschützten repräsentativen Gebäuden verweist viel eher auf den beruflichen Lebensraum Gottfrieds als auf die zum Privaten neigende Vorortstraße Potsdams, dem fiktiven Wohnort der Klausens. Dort ist vermutlich eher Xenias Welt, und das Haus in der dortigen Dorotheenstraße, fernab von aller Hektik dieser merkantilen Welt, ist für sie ein wahres Gottesgeschenk. Ebenso weckt die **Nathanbrücke** (74,17; 83,22) Assoziationen an das Drama *Nathan der Weise* von Gotthold Ephraim Lessing, das als aufklärerische Kanzel für die Verkündigung der Religionstoleranz gilt. Hier wäre wohl eher an die Toleranz im Umgang der Eheleute miteinander zu denken.

Die Nathanbrücke

Letztlich könnte selbst der Name des isländischen Vulkans **Grimsvötn**, zu deutsch Grims-See, symbolisch gewählt worden sein. Sein Ausbruch am 21. 5. 2011 hatte bei weitem nicht so katastrophale Folgen für den europäischen Luftraum wie der Ausbruch des Eyjafjalla im April 2010, als tausende Flüge über Europa ausfallen mussten. Die Eruption des Grimsvötn zog lediglich innerbritische Störungen mit sich und wegen der Schließung des Flughafens Berlin am 24. 5. 2011 in der Zeit von 11 bis 14.06 Uhr die Stornierung der in diesem Zeitraum geplanten Flüge von Heathrow nach

Störung des Luftverkehrs?

3.6 Stil und Sprache

Berlin.[23] Klausen wäre es also problemlos möglich gewesen, die nächste Maschine in die deutsche Hauptstadt zu nehmen. Lange erweckt aber den Eindruck, als sei Klausen dies auf unabsehbare Zeit unmöglich. Vielleicht hat Lange deshalb die Eruption des Vulkans Grimsvötn gewählt, weil die Phonetik seines Namens die deutschen Wörter „Grimms-wütend" assoziierbar macht, wobei das heute seltener benutzte Substantiv „Grimm" = „unterdrückter Zorn" auf die aufgestaute Anspannung von Klausens Eifersuchtswahn verweist, die plötzlich und eruptiv aufbricht.

Pflanzensymbolik

Die zweite Symbolebene, die der Pflanzensymbolik, umfasst die scheinbar nebensächliche Erwähnung der Baumarten und Blumen. Auf dem Grundstück der Klausens befinden sich offenbar „Buchen und Fichten" (73,15). Beiden Baumarten werden mythologisch unterschiedliche Funktionen zugeschrieben. Die **Buche** galt den alten Griechen, weil sie am heiligen Berg Olymp wuchs, als Baum der Weisheit, den Kelten als Wunsch- und den Germanen als Schutzbaum. Da sie zudem als Sinnbild für Selbstsucht, Engstirnigkeit, Sorge und Grausamkeit gilt, scheint sie die Baumart zu sein, die Gottfried Klausen repräsentiert. Aber die Schutzfunktion, die die Germanen der Buche zusprachen, erstreckte sich, weil sie sie als den Sitz der Göttin Freya begriffen, vornehmlich auf den Schutz der Ehe und der Hausfrau. Das gibt der Buche wieder die Ambivalenz, die Lange in seinen Texten so schätzt. Ähnliches ist von der **Fichte** zu sagen. Ihr auf Gottfried Klausen zu beziehender Teil der sinnbildlichen Aussagen unterstützt sein Ringen um Klarheit in einer Verstrickung, hilft ihm, sich von Abhängigkeiten zu befreien und nach Verirrungen auf den richtigen Weg zurückzufinden. Eher auf Xenia anzuwenden wären Aussagen, die die Zuversicht

---

23 Vgl. www.bild.de/news/inland/flughaefen-deutschland/aschewolke-grimsvoetn-liveticker-8-18064308.bild.html (Stand: Juli 2017).

3.6 Stil und Sprache

auf schöne Hoffnungen zum Ausdruck bringen, auf die Macht der körperlichen Liebe verweisen und eine lang andauernde Lebensgemeinschaft versprechen. Und auch die **Kastanien**, die am Ende des Textes „zu blühen begannen" (92,27), bleiben mehrdeutig. Zum einen scheinen sie auf Klausen selbst zu verweisen, da sie ein Sinnbild für Tröstung und Beruhigung der Gedanken sein sollen, zum anderen aber auch auf seine Frau, wenn man sie als Sinnbild für Fröhlichkeit und Geselligkeit begreifen will und ihre Blüte als Zeichen für Gottfrieds Bitte um Verzeihung oder Xenias sexuelle Sehnsüchte. Auch der **Veilchenstrauß**, den Gottfried in Erwartung der Ankunft Xenias auf dem Flughafen Heathrow „in der Hand" hält (81,25), ist nicht bedeutungslos, sondern gilt als Ausdruck der Unschuld, Demut und Bitte um Geduld.

Die dritte Ebene der Symbolik wird von den Dingsymbolen gebildet. Da ist natürlich zunächst das **Haus in der Dorotheenstraße** zu nennen, das der Novelle den Titel gibt. Sie heißt eben nicht „Der Vulkan" oder „Grimsvötn", obwohl der Vulkanausbruch das unerwartete Ereignis ist, das dem Text auch seinen Novellencharakter verleiht, und auch nicht „Put out the light", trotz der leitmotivischen Verwendung dieses *Othello*-Zitats. Folglich ist das Haus der Klausens als Hort der Geborgenheit und Heimat, aber auch möglicher Geheimnisse, die es birgt und den öffentlichen Blicken entzieht, als das zentrale Textsymbol zu betrachten. Es liegt in der Nähe des **Kanals**. Wie oft symbolisiert das Wasser auch hier die Sexualität. Da das Wasser in einem Kanal fließt, also von menschlicher Vernunft beherrscht und in klar begrenzten Bahnen verläuft, wird auf diese Weise auf die eingeschränkte, leidenschaftslose Erotik des Ehepaars Klausen hingewiesen. Die **Nathanbrücke**, die über diesen Kanal führt und auf die sich Gottfried so gern zurücksehnt (83,22), steht wie die „Brücke an der Themse" (76,20; 77,16;) und überhaupt alle Brücken zunächst lediglich dafür, ein Hindernis zu

Dingsymbole

Eingegrenzte Sexualität

3.6 Stil und Sprache

überwinden. Und davon hat Gottfried ja sowohl in Kohlhasenbrück wie in London einige. Zudem drückt sie aber auch die unfreiwillige sexuelle Enthaltsamkeit aus, die lediglich einen distanzierten, wenn auch sehnsuchtsvollen Blick auf das Wasser zulässt. Der **Halbkreis** (74,14), der die **Endstation der Buslinie 118** bildet, verweist nicht nur auf die abseitige Lage des Hauses, sondern bereitet den Leser auch die Trennung der Ehehälften vor und deutet mit dem Begriff „Endstation" ein vielleicht endgültiges Aus der ehelichen Beziehung an. Auch der Begriff lässt sich ambivalent verstehen. In möglicher Anspielung auf das 1947 uraufgeführte Theaterstück *Endstation Sehnsucht* von Tennessee Williams (1911–1983), das unter der Regie von Elia Kazan mit Marlon Brando in der Hauptrolle 1951 verfilmt wurde und seinen Titel nach der Endstation einer Straßenbahnlinie in New Orleans erhalten hat, könnte der Begriff auch ein Licht auf Xenias unerfüllte sexuelle Bedürfnisse werfen. Letztlich kann selbstverständlich auch der **Vulkanausbruch** symbolisch verstanden werden, nämlich als Ausbruch unterdrückter Gefühle. Bei Gottfried wäre dies Gefühl seine Eifersucht, bei Xenia ihre sexuelle Sehnsucht. Die bei diesem Vulkanausbruch in die Atmosphäre gelangende Asche stünde letztlich für die erkalteten Überreste der einstigen emotionalen Beziehung der Figuren zueinander. Es ist bezeichnend für Gottfried, dass ihn dieses „Aschefeld (…), das alles unter sich begraben hat" (92,6 f.), mehr interessiert als seine Frau, wobei er wie der Pathologe seiner eigenen Eheleiche erscheint.

„Endstation"

Das System der Motive

Weitmaschiges, strukturiertes Motivnetz

Hartmut Lange hat seinem Text zudem ein weitmaschiges, aber strukturiertes Netz an inneren Bindungen unterlegt, das aus sich wiederholenden zeichenhaften Motiven geknüpft ist. Dabei lassen sich drei Hauptmotivstränge ausmachen. Der erste Hauptmo-

3.6 Stil und Sprache

tivstrang setzt sich aus drei Teilmotivsträngen zusammen. Der erste Strang entsteht durch die Nennung verschiedener **Verkehrsmittel**. Es werden das Auto (74,12; 93,11), das Taxi (84,13), der Linienbus (74,12; 92,12), der Zug (84,13) und das Flugzeug (81,21; 92,15) genannt. Verkehrsmittel sind als Hilfen zu verstehen, die es einem erlauben, Distanzen zu überwinden. Wenn man diese Distanzen nicht räumlich auffasst, sondern psychologisch als unterschiedlich große Nähe oder Entfernung zwischen Personen, stehen die im Text genannten Verkehrsmittel für die Versuche einer interpersonalen Annäherung. Auch die viermal im Text auftauchende **Brücke**, sei es über den Teltowkanal, sei es über die Themse, ist als zweiter Teilmotivstrang auffassbar bzw. als in den Bereich der Architektur verlagertes Bild einer Konstruktion, um einen ansonsten nicht beschreitbaren Zugangsweg zu einem Ziel zu ermöglichen. In dem Maße, in dem Gottfried Klausen also gern auf einer Brücke steht, beschreitet er einen Weg der Annäherung, den er allerdings nur zur Hälfte zu gehen scheint. Es ist an keiner Stelle davon die Rede, dass er eine Brücke überschreitet und damit zu Ende geht. Das deutet auf Probleme in der Annäherung hin. Die werden auch durch den dritten Teilmotivstrang gegeben, der sich aus den zahlreichen Versuchen der **telefonischen Kontaktaufnahme** bildet. Da wird zwischen Kontakten per Handy (78,12) und Festnetz (78,16) unterschieden, also zwischen einer mobilen und stabilen Verbindungsmöglichkeit. Aber beide Alternativen scheitern zumeist, entweder weil eine Verbindung gar nicht erst entsteht oder weil die Verbindung nicht zu dem gewünschten Kommunikationspartner führt. Alle drei Teilmotivationsstränge lassen sich zu einem **Beziehungsstrang** zusammenfassen. Auf allen drei Ebenen misslingt die Kommunikation häufiger, als sie zustande kommt, auf allen drei Ebenen wird eine Störung der kommunikativen Beziehung deutlich. Das wird im Text zu einer der Hauptaussagen verdichtet.

> Vorliebe für Brücken

3.6 Stil und Sprache

Weitere Motivstränge

An diesen Hauptmotivstrang, der sich mit der gestörten Beziehung zweier Personen befasst, sind zwei weitere Motivstränge angelagert, die den beiden Figuren zugeordnet sind, zwischen denen die Beziehung gestört ist. **Gottfried Klausen** wird mit den Motiven in Verbindung gebracht, die seine emotionale Atmosphäre kennzeichnen: Das ist die Enge (73,4; 74,14; 76,12; 80,7), die ihm nicht erlaubt, sich frei zu entfalten; das sind das schlechte Wetter (77,1; 91,23), die Kälte (77,3) und die Begleiterscheinungen des Vulkanausbruchs (84,20–85,4), die ihn daran hindern, (aus sich) herauszugehen, und ihn bewegen, sich noch stärker abzuriegeln. Und letztlich sind das seine ihn ihm aufkeimenden und heranwachsenden Gefühle der Eifersucht und des Unheimlichen, die sein Denken zunehmend beherrschen. Alles zusammengenommen führt zu einem Gefühl des Verlassenseins, einer tristen Atmosphäre der Vereinsamung und mündet in eine nahezu panische Starre.

Der dünnere, sich um **Xenia** drehende Motivstrang ist dem entgegengesetzt und wird mit der Erscheinung der Lebensfreude und Dynamik in Verbindung gebracht, dem Lachen (86,14; 93,8). Dominanter sind allerdings die Hinweise auf ein existenzielles Ende durch das Erlöschen des Lichts (79,2; 82,4; 88,13; 90,15; 93,3 u. 15–18). Auch hier spielt Lange mit möglichen Assoziationen: Der Spruch „Wer zuletzt lacht, lacht am besten" drängt sich auf, denn wenn ihr Lachen „erstirbt", droht damit auch ihr physisches Leben zu erlöschen.

Die Eifersucht

Verlustangst

Das Gefühl der Eifersucht ist das Gegenteil des Neides. Während der Neid sich auf den Wunsch bezieht, etwas erwerben zu wollen, was andere besitzen, drückt die Eifersucht die Angst aus, etwas an andere zu verlieren, was man selbst noch besitzt. In dem Maße, in dem Klausen sich in London isoliert, einsam fühlt und ihm zuneh-

3.6 Stil und Sprache

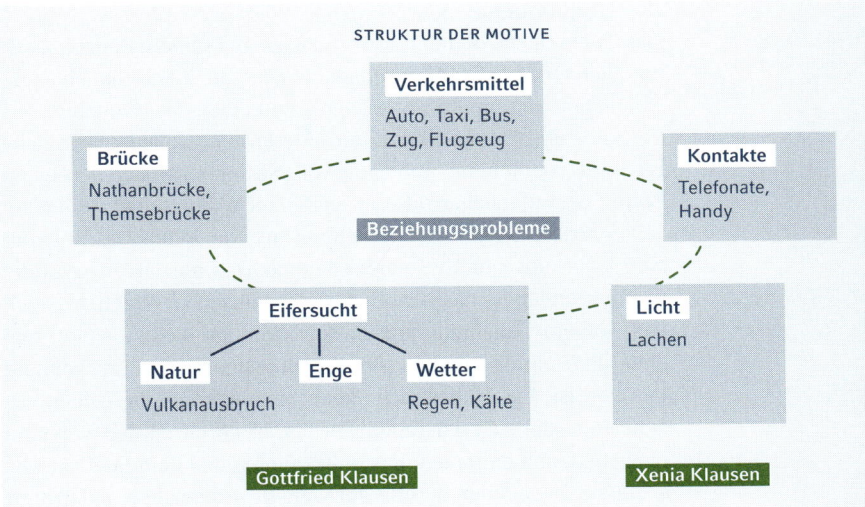

mend die Kontrolle über das Verhalten seiner Frau zu entgleiten scheint, ist die Bedingung für die Möglichkeit von Eifersucht gegeben. Allein der vage Anflug der Vermutung, seine Frau könne ihn betrügen, ausgelöst durch den Besuch des *Othello*-Dramas, untergräbt sein Vertrauen in ihre eheliche Treue und das Bewusstsein seines eigenen Stellenwerts, beginnt, seine Weltwahrnehmung zu verzerren – man denke an seine sich verändernde Berichterstattung aus London –, und treibt ihn an, sich immer stärker mit der inzwischen zum Verdacht gereiften Vermutung, betrogen zu werden, zu identifizieren. Klausen wandelt sich so zum Produzenten eines verstörten, neurotischen Verhaltens und macht sich selbst zum Instrument dieser Eifersucht, ohne sich dieser Veränderung seines Wesen bewusst zu sein. Vielmehr erzeugt dieser schleichende Prozess in ihm das Gefühl des Unheimlichen.

3.6 Stil und Sprache

Das Unheimliche

Das Nicht-Heimliche

Das Unheimliche definiert sich zunächst aus seinem Begriff. Es ist das Nicht-Heimliche. Aber schon das Wort „heimlich" hat eine ambivalente Bedeutung. Es bezeichnet zum einen das Heimelige, das Vertraute und Anheimelnde, zum anderen aber auch das Heimliche im Sinne von geheim, geheimnisvoll. So versteckt sich bereits im Begriff des Heimlichen das Befremden im Vertrauten und ähnelt in seiner Struktur dem Namen von Klausens Frau Xenia. Das Unheimliche ist in logischer Konsequenz demnach sowohl das Unvertraute, das Befremdende, das verwehrt, sich heimisch zu fühlen, als auch das, was im Geheimnis und im Verborgenen bleiben sollte, nun aber als Undurchdringliches und Beängstigendes in Erscheinung getreten ist. Das Unheimliche kennzeichnet so all die Unbegreiflichkeiten, die sich der rationalen Erklärung durch den Verstand entziehen, und damit den uns unbekannten und dem Intellekt verschlossen bleibenden Bereich der Welt. Es verunsichert und irritiert die von ihm betroffenen Menschen, lässt sie an der Ordnung und Sicherheit dieser Welt zweifeln und diese sogar letztlich auseinanderfallen. Das Unheimliche befällt Klausen kleinschrittig in Form all der merkwürdigen und ungewöhnlichen Ereignisse (wie z. B. die misslingenden Telefonate mit seiner Frau), die er sich nicht erklären kann und die ihm in Form des Zufalls – man denke nur an die *Othello*-Aufführung und den Vulkanausbruch – frappieren und auf sein Planen und Handeln Einfluss nehmen.

3.7 Interpretationsansätze

3.7 Interpretationsansätze

ZUSAMMEN-
FASSUNG

Man kann den Text unter folgenden Aspekten interpretieren:
- → dem **biografischen Ansatz**, der dem Autor die fiktionalisierte Wiedergabe eigener Erfahrungen und Reflexionen unterstellt,
- → dem **ästhetischen Ansatz**, der die Novelle als einen auf die Eheproblematik reduzierten Text der Andeutungen und Fragen auffasst,
- → dem **intertextuellen Ansatz**, der sich bemüht, textuelle Bezüge zu anderen literarischen Werken und Autoren aufzuspüren,
- → dem **textsortentheoretischen Ansatz**, der überprüft, inwieweit die Einordnung des erzählenden Textes als Novelle berechtigt ist,
- → dem **kommunikationstheoretischen Ansatz**, der sich mit der Dialektik der modernen technischen Kommunikation befasst,
- → dem **soziologischen Ansatz**, der den Text als Darstellung der Entfremdung in privaten Beziehungen durch die moderne Arbeitswelt versteht,
- → dem **Gender-Ansatz**, der das Verhältnis der Geschlechter zueinander beleuchtet und trotz der konventionell scheinenden Rollenverteilung neben einem Emanzipationsansatz der Frau eine Krise des Mannes ausmacht,
- → dem **psychologischen Ansatz**, der den Text liest als Entdeckung des Unheimlichen in der angstbehafteten eigenen Psyche,

3.7 Interpretationsansätze

> → dem **philosophischen Ansatz**, der die eheliche Beziehungskrise als existenzielle Krise begreift, die den Menschen der Grundangst des Lebens aussetzt, und
> → dem **rezeptionsästhetischen Ansatz**, der sich auf die appellative Struktur des Textes konzentriert, weil sie sich an aktive, reflexionswillige Leser wendet.

Lebenserfahrung des Autors

Unter dem **biografischen Aspekt** lässt sich höchstens feststellen, dass Hartmut Lange die Gegend in Kohlhasenbrück aus eigener Anschauung sehr gut kennt und die Problematik des geschilderten Einzelschicksals kein theoretisches Konstrukt ist, sondern der Lebenserfahrung des Autors erwachsen ist, einschließlich seiner eigenen existenziellen Lebens- und Erkenntniskrise. Insofern ist der biografische Aspekt zwar für die Forschung interessant, für die Schule aber eher unergiebig und verzichtbar. Er legt lediglich nahe, den Text unter psychologischen und philosophischen Aspekten zu untersuchen.

Handlungsbogen versus Spannungsbogen

Der **ästhetische Aspekt** erhellt, dass sich in dieser Erzählung die Fähigkeiten des Prosaisten mit denen des Dramatikers verbinden. Einem geringen Handlungsbogen – zwei ausgefallene Flüge, ein paar misslungene Telefonate – steht ein wohlkalkulierter Spannungsbogen gegenüber. Der reicht von einer einvernehmlich liebevollen Umarmung (75,13) bis immerhin zur Möglichkeit eines Mordes („Put out the light!", 93,15). Es ist aber nicht nur die pathologische Reaktion und psychologische Entwicklung des Protagonisten, die den Bogen spannt, es sind auch die fast unscheinbaren erzählerischen Mittel, die zum Einsatz gelangen. Der Erzählstil ist zurückhaltend nüchtern und scheint mit Stilmitteln zu geizen.

3.7 Interpretationsansätze

Aber es ist genau diese Zurückhaltung, die die Geschichte raffiniert macht. Auf der anderen Seite strotzt die Geschichte, wie gezeigt wurde, vor Andeutungen und Anspielungen. Indem der Erzähler an der Richtigkeit des Figurenverhaltens zweifelt, lässt er keinen Zweifel an der Glaubwürdigkeit und Realität des Erzählten zu. Letztlich hält er in dem Maße, in dem seine Andeutungstechnik seine Aussagen ersetzt, die Geschichte in einer eigentümlichen Schwebe, die letztendlich auf den nur möglichen, nicht aber notwendigerweise realen Schluss der Erzählung hinausläuft. Diese ästhetische Struktur des Textes hat nicht nur einen selbstreferenziellen Wert, sie ist auch als Hinwendung an den Leser zu verstehen.

Der **intertextuelle Aspekt** untersucht, auf welche anderen literarischen Werke die Novelle direkt oder indirekt Bezug nimmt oder einen assoziativen Bezug nahelegt. Auf die Bezugnahme zu Shakespeares *Othello* als Quelle ist schon hingewiesen worden (vgl. Kap. 3.1 dieser Erläuterung). Aber noch zwei weitere Bezüge drängen sich auf: So lassen sich weniger inhaltlich als formal Bezüge zu Max Frischs Stück *Biedermann und die Brandstifter* (1958) herstellen. In seinem parabelhaften Stück, das sich aufgrund seines Untertitels „Ein Lehrstück ohne Lehre" an das epische Theater Bertolt Brechts anzulehnen scheint, heißt die Hauptfigur Gottlieb Biedermann, und ein Chor spielt eine gewichtige Rolle. Das Stück besteht aus einem Vorspiel und sechs Szenen (das zur Füllung eines Theaterabends später verfasste Nachspiel wird heute nicht mehr aufgeführt):

Shakespeare und Max Frisch

Biedermann und die Brandstifter

Der Haarölfabrikant Gottlieb Biedermann nimmt in seinem Haus zwei zweifelhafte Männer auf, den Ringer Josef Schmitz und den ehemaligen Oberkellner Wilhelm Eisenring, die jeweils durch einen Brand obdachlos geworden sind, und gewährt ihnen auf seinem Dachboden Unterschlupf. Obwohl Biedermann feststellt, dass die beiden auf dem Dachboden Benzinfässer einlagern und mit Holz-

3.7 Interpretationsansätze

wolle, Zündkapseln und Zündschnüren hantieren, lädt er sie mit seiner Frau Babette zu einem feudalen Abendessen ein, während er sich des sich in einer Notlage befindlichen ehemaligen Angestellten Knechtlings nicht annimmt, sodass dieser Selbstmord begeht. Vor der Polizei, die Biedermann wegen Knechtlings Tod aufsucht, schützt er seine Gäste, zu denen sich inzwischen ein gewisser Dr. phil. gesellt hat, indem er den Inhalt der Benzinfässer als Haarwasser ausgibt. Während des ausgelassenen Essens befragt er Schmitz und Eisenring nach ihrer Herkunft und ihren Absichten. Sie machen keinen Hehl daraus, dass sie Brandstifter seien. Obwohl es in letzter Zeit wiederholt zu Brandstiftungen gekommen ist, hält Biedermann das offene Geständnis für einen Scherz und reicht ihnen zum Beweis seines Vertrauens sogar die gewünschten Streichhölzer und verbrüdert sich mit ihnen. Selbst als sein Haus bereits brennt, verschließt sich Biedermann der Erkenntnis, dass seine Gäste Brandstifter sind, deren Tat er erst ermöglicht hat.

Parabel auf ein sich anbiederndes Bürgertum

Frisch hat mit dieser dramatischen Farce[24] auf die Errichtung einer kommunistischen Diktatur in der Tschechoslowakei im Februar 1948 reagiert, zugleich aber auch eine Parabel auf die Bürger geschrieben, die sich aus Angst um ihre Bequemlichkeit selbst den Personen und Strömungen anpassen und „anbiedern", die für ihren Untergang sorgen. Die Lehre des Stücks wendet sich somit nicht nur gegen die kommunistische Diktatur, sondern gleichermaßen auch gegen die nationalsozialistische, faschistische oder jede sonstige Diktatur und deren Steigbügelhalter, die ihnen den Weg bereiten und sie erst möglich machen.

Lange spielt sowohl mit dem sprechenden Namen seiner Hauptfigur wie mit der chorähnlichen Verwendung seiner Erzählerkommentare auf dieses Theaterstück von Frisch an. Als gelernter Dramatiker ist Lange selbstverständlich die Funktion des Chores bekannt,

---

[24] Farce: kurzes, possenhaftes Spiel zur Verspottung menschlicher Schwächen und Torheiten.

3.7 Interpretationsansätze

wie sie im klassischen antiken Drama, z. B. in Sophokles' Dramen *Antigone* oder *König Ödipus* Verwendung findet. Aufgabe des Chores war es, die inneren Erwägungen, Ängste und Befürchtungen der Figuren auszudrücken – als eine Art Vorläufer des späteren dramatischen Monologs – und auch bewertendes Sprachrohr des Autors zu sein. Max Frisch stellt einen Chor von Feuerwehrleuten auf die Bühne, die als eine Art Kontrollorgan und vernünftige Gewissensinstanz an Gelenkstellen der Handlung das Geschehen kommentieren und die Bürger, in deren Auftrag sie ja tätig sind, entweder beschwichtigen oder vor drohenden Gefahren warnen. Insgesamt sechsmal und gegen Ende der Erzählung sich häufend lässt Lange seinen Erzähler die funktionale Haltung eines solchen Chores annehmen.

Ein weiterer intertextueller Bezug ist zu *A Streetcar Named Desire*, deutsch: *Endstation Sehnsucht* (1947), des amerikanischen Autors Tennessee Williams möglich. Dieser wirft in seinem dreiaktigen Psycho-Drama ein Licht auf den Bedeutungsverlust der Südstaaten gegenüber den industriellen Nordstaaten der USA:

Endstation Sehnsucht

In dem Stück zieht Blanche DuBois nach dem Verlust des einst stolzen Familienbesitzes Belle Rêve („Schöner Traum") und der Auflösung ihrer Familie zu ihrer Schwester Stella, die in New Orleans mit dem polnischen Einwanderer Stanley Kowalski in einem wechselseitig hörigen Abhängigkeitsverhältnis und einer kleinen Wohnung zusammenlebt. Die ehemals hübsche und kultivierte Blanche verachtet den animalischen Automechaniker Stanley und versucht in seine Beziehung zu ihrer Schwester einen Keil zu treiben. Als Stanley herausfindet, dass die hochmütige Blanche wegen einer Affäre mit einem Schüler aus ihrer Stellung als High-School-Lehrerin entlassen wurde und zahlreiche amouröse Abenteuer hinter sich hat, zerstört er mit diesen Informationen Blanches gerade erst begonnene Beziehung zu seinem Freund Mitch und vergewaltigt

3.7 Interpretationsansätze

sie. Da Blanche sich zunehmend in unglaubwürdige hochtrabende Fantasien flüchtet, wird sie in eine psychiatrische Heilanstalt überführt, während Stella und Stanley mit ihrem neu geborenen Kind so etwas wie Familienglück repräsentieren.

Das Theaterstück ist nach der Endstation einer Straßenbahnlinie in New Orleans benannt: Desire („Sehnsucht"). Lange weckt mit der Endstation der Buslinie 118 in Kohlhasenbrück und der unterschwelligen Thematisierung des sexuellen Begehrens Assoziationen an dieses Stück, wenn auch vordergründig das Haus in der Dorotheenstraße Objekt und Ziel des Sehnsucht Gottfried Klausens zu sein scheint.

Der intertextuelle Aspekt erhellt, dass über die Zeiten und ihre Bedingungen hinweg der Mensch in seiner Befindlichkeit und Problematik relativ konstant geblieben ist und bleibt, sodass deren literarische Behandlung und Darstellung zu einem Katalog thematischer Archetypen führt.

Novellenkriterien

Der **textsortentheoretische Aspekt** deutet den Text vorrangig als Novelle, d. h. als einen narrativen Text, der sich an den Kriterien messen lassen muss, die für die Textsorte Novelle für konstitutiv gehalten werden. Hartmut Lange bezeichnet seinen Text *Das Haus in der Dorotheenstraße* selbst als Novelle. In der Tat erfüllt er die zu dieser Einstufung erforderlichen Kriterien. Man findet inhaltlich sowohl ein unerwartetes, im Mittelpunkt der Handlung stehendes Ereignis, den Ausbruch des isländischen Vulkans, als auch einen Mittelpunktskonflikt, der sich, eingeleitet durch Klausens Besuch des *Othello*-Dramas, als Eifersuchtskonflikt offenbart und mit dem Zitat „Put out the light" selbst den Schluss des Textes beherrscht. Das Dämonische hält schließlich durch Klausens aufkeimende Zweifel an der Treue seiner Frau Einzug in die Handlung, eine Verdächtigung, die sich zwar nur auf Indizien stützt, aber gleichwohl wie ein Dämon ganz von ihm Besitz ergreift. Struktu-

3.7 Interpretationsansätze

Die Nathanbrücke über dem Berliner Teltowkanal
© Wikipedia – biberbaer

rell findet sich ein am Drama orientierender Aufbau der Handlung, deren Verlauf sich durch überraschende Ereignisse (ausbleibende Ankunft Xenias, ausbleibende Telefonkontakte, Vulkanausbruch, Männerstimme, Versetzungsbitte nach Island) mehrfach wendet. Das Haus in der Dorotheenstraße und die Nathanbrücke einerseits und die Othello-Aufführung und der daraus entnommene Zitatsatz andererseits erfüllen die Funktion von Leitmotiven.

Unter einem **kommunikationstheoretischen** Ansatz gerät vor allem die Dialektik der modernen technischen Kommunikation in den Blickpunkt. Es zeigt sich, dass trotz aller technischen Innovatio-

Räumliche versus psychische Distanz

3.7 Interpretationsansätze

nen, die räumliche Distanz zwischen Menschen zu verkürzen und zu verkleinern, sei es durch die Entwicklung verkehrstechnischer Hilfsmittel wie Eisenbahn, Automobil oder Flugzeug, sei es durch die Entwicklung kommunikationstechnischer Hilfsmittel wie Telefon und Handy, letztlich die psychische Distanz zwischen den Menschen nicht berührt wird oder verbessert werden kann. Vielleicht tragen die erweiterten technischen Kommunikationsmöglichkeiten paradoxerweise sogar zum Aufbau einer größeren inneren Distanz bei. Zwischen Klausen und seiner Frau zumindest scheitern alle Versuche einer räumlichen Annäherung. Noch gravierender sind allerdings die durch das Scheitern von technischen Kommunikationsversuchen per Telefon oder Handy heraufbeschworenen Missverständnisse und Be- und Entfremdungen.

Arbeitswelt versus Intimbeziehungen

Die Geschichte zeigt unter dem **soziologischen Aspekt**, wie die zunehmende Großräumigkeit der Arbeitswelt (Rom, Madrid, London, 74,27 f.) selbst die engsten persönlichen und individuellen Beziehungen, hier zur Ehefrau Xenia, gefährdet. Der moderne Mensch Klausen ist in der globalisierten Welt überall unterwegs, aber nirgends zu Hause. Selbst dem Ort, wo er seine emotionale Heimat wähnt (Kohlhasenbrück), entziehen seine zunehmenden Wissens- und Erlebnislücken das notwendige Sicherheitsempfinden und vorbehaltlose Vertrauen, die als Voraussetzungen für ein ungetrübtes Heimatgefühl grundlegend sind. Gewohnheit, Gedankenlosigkeit, Gleichgültigkeit sowie Spekulation und Misstrauen zersetzen zudem das Fundament des Vertrauens. Wie die von der Wirtschaft geforderten Verhaltensmuster aussehen, verdeutlicht der Chefredakteur Klausens, wenn er später in oberflächlichster Form dessen Unterwerfung unter diese Normen fordert (91,22 f.). Dadurch dass Klausen dem gesellschaftlichen Trend zu einseitigem Streben nach beruflichem Erfolg folgt und Beruf und Karriere zunehmend an die

3.7 Interpretationsansätze

erste Stelle seines Lebens rücken (77,5–8, 92,3–9), verdrängt er von dort die personale Bindung, die allein seiner Psyche Halt gibt (80,16–18). Er lässt sich sogar dazu verleiten, die Erfordernisse dieser Bindungen durch die auf Konkurrenz, Erfolg und Profit ausgerichteten Strukturen der Arbeitswelt zu ersetzen und sich so nicht nur von seiner Heimat und dem ihm lieb gewesenen Menschen, sondern auch von sich selbst zu entfremden. Und plötzlich steht er vor dem unerwarteten Rätsel um die Treue seiner Frau, das ihm unheimliche Reaktionen in ihm hervorruft, die seine geordnet scheinenden Verhältnisse zerrütten. Es ist, als seien die Merkmale der modernen „Risikogesellschaft" (Ulrich Beck), die sich in brüchig werdenden Traditionen, fragwürdig werdenden Gewissheiten und schwindenden Sicherheiten äußern, bei Gottfried Klausen auf unheimliche und selbstzerstörerische Weise in seine Innenwelt durchgeschlagen.

Damit rückt auch der **Genderaspekt** in das Blickfeld. Man sollte annehmen, dass spätestens nach dem Emanzipationsprozess in den 1970er Jahre in der modernen spätkapitalistischen Gesellschaft die patriarchalische Hegemonie zumindest in den Familienstrukturen ihr Ende gefunden hat. Dass diese Annahme täuscht, belegt eine repräsentative Umfrage aus dem Jahre 2013, nach der die traditionellen Geschlechterrollen wieder beliebter werden[25] und viele Deutsche heute deutlich konservativer denken als vor 20 Jahren.[26] Das scheint auch für das Verhältnis zwischen Klausen und seiner Frau zu gelten, soweit die Novelle ein Urteil zulässt. Klausen ist mit Sicherheit kein „Hausvater" mehr, schon deshalb, weil er nicht

Rückkehr des Patriarchats?

---

25 Der Tagesspiegel, 5. 10. 2013.
26 *Rollenbilder im Jahr 2013: Er macht Karriere, sie hütet Kinder.* In: RP online, 26. 11. 2013; www.rp-online.de/panorama/deutschland/er-macht-karriere-sie-huetet-kinder-aid-1.3844092 (Stand: Juli 2017).

3.7 Interpretationsansätze

mehr in seinem Hause lebt und allem Anschein nach keine Kinder hat. Er ist vielmehr als im Ausland eingesetzter Wirtschaftsjournalist ein Mann des öffentlichen Lebens, verfolgt gesellschaftsanalytische Aufgaben und erscheint insofern als autonome, rationale Persönlichkeit, deren Wert sich daran bemisst, was er für seine Zeitung leistet. Xenia, seine Frau, erscheint aus der Sicht Klausens – der einzigen, die wir kennenlernen – ebenfalls in einem traditionellen Rollenschema gefangen. Ihr obliegt offenbar die Gestaltung des gemeinsamen Heims, die Sorge um die Behaglichkeit des täglichen Lebens, die eheliche Beziehungsarbeit und die wärmende Funktion der Ehegemeinschaft. Sie scheint einfühlsam, zurückhaltend und von ihrem Mann abhängig zu sein. Von einer eigenen beruflichen Tätigkeit ist nicht die Rede. Da der Erzähler der Novelle und auch Klausen ihr keine Möglichkeit des eigenen Auftretens zubilligen, wirkt sie merkwürdig entpersonalisiert und in Verschmelzung mit der botanischen Wildheit ihrer Wohnumgebung gleichsam naturalisiert. Das macht sie und ihr Verhalten rätselhaft, unerklärlich und stilisiert sie zu einem Mythos der Weiblichkeit, ganz im Sinne des Satzes von Immanuel Kant: „Der Mann ist leicht zu erforschen, die Frau verrät ihr Geheimnis nicht."[27] Doch die Positionierung der Geschlechter verharrt nur dem Anscheine nach in konservativer Stabilität. Xenia entscheidet selbstständig, wenn sie vorerst auf ihren Verbleib in Kohlhasenbrück besteht, die Reise nach London nicht antritt und sich vielleicht wirklich mit einem Liebhaber vergnügt. Klausen hingegen zeigt eher Anzeichen einer männlichen Krise. So bewegt er sich recht erfolglos in der Vorrangsrolle des Mannes und vermag wegen des getrennten Lebens seine tradierte Funktion als Beschützer der Frau nicht zu erfüllen. Er wirkt aus der Bahn ge-

---

[27] Immanuel Kant: *Anthropologie in pragmatischer Hinsicht.* Zweiter Teil. Der Charakter des Geschlechts (1798). In: Ders.: Werke XII, Schriften zur Anthropologie. Geschichtsphilosophie. Politik und Pädagogik 2. Frankfurt/M.: Insel, 1964, S. 649.

3.7 Interpretationsansätze

worfen, als er sich der Treue seiner Frau als Basis und Stütze seiner Lebenspraxis nicht mehr sicher zu sein wähnt.

In welchem Maße mit der Selbstentfremdung das Unheimliche in uns Einzug halten kann, verdeutlicht der **psychologische Aspekt.** Eine entsprechende Deutung läuft auf die Formulierung einer „zivilisatorischen Pathologie"[28] hinaus. Hartmut Lange zeichnet ein Psychogramm der Angst. Der anfangs selbstgewiss scheinende Gottfried Klausen erfährt in der neuen, ihn befremdenden Wirklichkeitsumgebung Londons einen sich steigernden Prozess des seelischen Unbehagens. Das Gefühl der Fremdheit, begleitet von dem der Einsamkeit, bewirkt in ihm ein Bedürfnis nach Geborgenheit, das sich wegen der misslingenden Kommunikation mit seiner Frau Xenia zu einer Angst entwickelt, weil ihm die Grundpfeiler seines Vertrauens mehr und mehr fragwürdig werden. Diese Verunsicherung ergreift auch sein Selbstbewusstsein, sensibilisiert seine Wahrnehmung und führt mit dem wachsenden Gefühl der Eifersucht in dem Maße zu einem Identitätsverlust, in dem er sich immer intensiver und letztlich fast zwanghaft mit dem Handlungsvorbild Othello zu identifizieren beginnt. Wohin sich Klausen entwickelt, bleibt offen: Er könnte in Form einer einem Vulkanausbruch vergleichbaren psychischen Eruption seine Frau ermorden („Put out the light"), er könnte aber auch nach Island „verschwinden", sich in metaphysischer Ratlosigkeit mit seiner existenziellen Irritation zu arrangieren versuchen und in einem Gemisch aus Schwermut, Angst und Depression („Aschefeld") der Melancholie verfallen.

Das Unheimliche

Der **philosophische Aspekt,** den die Interpreten wegen der Lebenskrise Langes gern betonen und Zusammenhänge mit Pascal, Hegel,

Existenzielle Krise des Menschen

---

28 Jurgensen, S. 145.

3.7 Interpretationsansätze

Marx, Kierkegaard, Schopenhauer oder Nietzsche herstellen, vertieft und verallgemeinert diese psychologische Betrachtungsweise. Die Krise zwischen den Ehepartnern wird symptomatisch für die existenzielle Krise des Menschen schlechthin gewertet. Dieser hat trotz der langen Entwicklung der Aufklärung noch nicht zu sich selbst gefunden und will seine Unfähigkeit zu vertrauenssicherer Partnerschaft nicht wahrhaben. Ihm wird in seiner gesellschaftlich verursachten selbstentfremdeten Situation die Natur mehr zur Bedrohung als zum Trost. So sieht sich der moderne Mensch aus der Beschränktheit seiner Erkenntnisfähigkeit einer existenziellen Situation ausgesetzt, deren Doppelbödigkeit und Unwägbarkeiten seine Grundangst des Lebens nährt und ihn in eine Sphäre des Unheimlichen hüllt. „Was Hitchcock ‚Suspense' nannte, die anschwellende Unsicherheit angesichts einer nicht fassbaren Drohung, genau dies vollzieht sich in dieser Prosa."[29] Lange betreibt gezielt eine Ent-Rationalisierung der Verstandesbegriffe und Transzendentalisierung der Sinnesbegriffe. So werden sowohl sinnlich erfahrbare Vorgänge wie eine Theateraufführung oder ein Vulkanausbruch als auch konkrete Gegenstände wie eine Brücke oder ein Telefon transparent für psychische Befindlichkeiten und Strukturen der menschlichen Seinsordnung. Lange erzeugt so mittels bewusst eingesetzter Ambiguitäten (Mehrdeutigkeiten) eine Verrätselung der Welt und ein Klima transzendentaler Amphiphobie[30] (die sinnliche Wahrnehmung überschreitende Doppelangst), d. h. einen Angstzustand, in dem man die von der Welt der Sinne ausgelösten Zweifel mit dem Zweifel an der Welt des Verstandes vermengt: Der rationale Zweifel wird zu einer nahezu unheilbaren emotionalen Verzweiflung.

---

29 Hans-Dieter Schütt: *Nebel. Dem Dichter Hartmut Lange zum 75*. In: Neues Deutschland vom 29. 3. 2012, https://www.neues-deutschland.de/artikel/222697.nebel.html (Stand: Juli 2017).
30 Transformation des Kantschen Begriffs der transzendentalen Amphibolie; vgl. Kant: *Kritik der reinen Vernunft*, Werke, Band II, Wiesbaden: Insel, 1956, S. 292.

3.7 Interpretationsansätze

Dies untersucht der **rezeptionsästhetische** Ansatz. Schon von Beginn an offenbart der Text seine im Grunde dialogisch-appellative Intention. Aussagen wie „wie gesagt" (73,1) und „zugegeben" (74,9) unterstellen nicht nur, dass der Leser auch die anderen Geschichten des Sammelbandes kennt – Lange geht bereits in der ersten Geschichte auf den Teltowkanal ein (11) –, sie suggerieren auch das Vorhandensein eines Erzähler-Leser-Bezugs. Dieser Bezug steigert sich in den chorhaften Erzählerkommentaren. So wie einst der antike Chor des Dramas eine Vermittlungsfunktion zwischen Stück und Publikum einnahm, so überträgt Lange diese Funktion hier auf den Erzähler. Dessen rhetorische Fragen sind eindeutig nicht an die Hauptfigur gerichtet, sondern an den Leser. Lange setzt somit einen aktiven Leser voraus, der bereit ist, die Reduktion

Dialogische Intention

3.7 Interpretationsansätze

des Erzählens auf die dargestellte Problemstruktur zu akzeptieren, unklare Erzählformen und Darstellungslücken in Kauf zu nehmen und die ihm vom Erzähler aufgedrängten Fragen zu erwägen und zu beantworten. Damit hat der Text eine appellative Gesamtfunktion: Der Leser soll sich zum einen mit der Sachlage der vermuteten Untreue auseinandersetzen und zum anderen mit der Unheimlichkeit der eigenen Psyche, die jeden befallen kann. Mea res agitur: Es geht um meine eigene Sache.

4. REZEPTIONSGESCHICHTE

ZUSAMMEN-FASSUNG

→ Die Literaturkritik reagierte auf Langes Novellenband *Das Haus in der Dorotheenstraße* und seine Titelgeschichte durchweg positiv.
→ Der Band fand Besprechungen in allen großen Medien der deutschsprachigen Literaturkritik, in der überregionalen Tagespresse ebenso wie in den Literatursendungen des öffentlich-rechtlichen Rundfunks.
→ Der Autor wurde als „Meister der Novelle" gerühmt, der mit traditionellen Mitteln beim Leser eine nachhaltige Verunsicherung erzeuge und der Inhalt, Sprache und Stil zu einer Einheit bringe. Es seien vor allem die „Nachtseiten des Daseins", die der Leser in diesen Novellen kennenlerne.

Die Rezensionen zu seinem Novellenband *Das Haus in der Dorotheenstraße* widmen sich selbstverständlich der Buchausgabe und damit weniger den Einzelnovellen. Die hier vorgestellte Auswahl an Rezensionen bevorzugt deshalb jene, die auch auf die Titelgeschichte eingehen.

Walter Hinck schlägt in der *Frankfurter Allgemeinen Zeitung* vom 29. 3. 2013 unter der Überschrift *Wer der Krähe folgt, ist halb schon verloren* den weitesten biografischen Bogen, um sich dem Novellenband zu nähern:

Unerhörte Begebenheiten

„Zwei Standortwechsel markieren die literarische Entwicklung des Schriftstellers Hartmut Lange: der Wechsel des Dramatikers und Dramaturgen am Ost-Berliner Deutschen Theater nach

West-Berlin im Jahre 1965 und der Übergang vom Drama zur Novelle, den Lange mit den fünf Texten vollzieht, die 1984 unter dem Titel *Die Waldsteinsonate* erscheinen. Theodor Storms Formel von der Novelle als der ‚Schwester des Dramas' wird hier plausibel, denn die Werkstatt des Dramatikers Lange war die beste Schule für die Technik des novellistischen Spannungsaufbaus. Zugleich nimmt kein Autor der Gegenwart Goethes Formel von der Novelle als einer ‚sich ereigneten unerhörten Begebenheit' so sehr beim Wort wie Lange, schon in der Sammlung *Die Waldsteinsonate*. (...)

Von der nahezu apokalyptischen Vision des Bandes *Im Museum* ist Hartmut Lange jetzt in den fünf Novellen des Bandes *Das Haus in der Dorotheenstraße* zu den kleineren ‚unerhörten Begebenheiten' zurückgekehrt. Der Erzähler zieht seinen Figuren und dem Leser allmählich den Boden seiner Wahrnehmungsgewohnheiten weg, aber ohne gleich den Blick in Abgründe freizugeben.

Alle fünf Novellen sind auf Schauplätzen an einer Achse angesiedelt, die im Süden Berlins zwischen Teltow-Zehlendorf beginnt, dem Verlauf des Teltow-Kanals in westlicher Richtung folgt und im Raum um Potsdam endet. (...) In der Titelnovelle des Bandes, *Das Haus in der Dorotheenstraße*, übernimmt den Part des Unheilsboten der Ausbruch jenes isländischen Vulkans Grimsvötn, dessen Aschenwolke den Luftverkehr über Europa eine Zeitlang lahmlegte. Zum literarischen Alarmzeichen wird hier der Besuch des nach London versetzten Zeitungskorrespondenten Klausen im Theater, wo *Othello*, Shakespeares Eifersuchtstragödie schlechthin, aufgeführt wird. Ungewiss endet das Ehebruchsdrama, das den Korrespondenten aus der Bahn geworfen hat, im Haus in der Dorotheenstraße. (...)"[31]

---

31 Hinck.

Sabine Peters äußerte sich am 28. 5. 2013 im *Deutschlandfunk* unter der Überschrift *Vom Alltäglichen ins Abgründige* nicht zur Titelnovelle, hebt aber die sprachliche Komponente der Novellen hervor:

Meister der Novelle

„(...) Hartmut Lange, Jahrgang 1937, gilt als Meister der Novelle, dieser zwischen Drama und Prosa liegenden Erzählform, die eine unerwartete, unerhörte Begebenheit umkreist. Langes neues Buch unter dem Titel *Das Haus in der Dorotheenstraße* enthält fünf äußerst formbewusste und konzentrierte Novellen, die alltäglich und realistisch beginnen, um dann ins Unerklärliche, Abgründige zu führen. Die Geschichten spielen allesamt im Südwesten Berlins, sie spielen mehr oder weniger ‚heute', aber sie wirken dabei auch so, als seien sie dem Raum und der Zeit entrückt. Das Gerüst der Handlung, das jeweils anfangs aufscheint, dient nur dazu, den Stoff ins Schweben zu bringen. Dabei entstehen keine beglückenden Höhenflüge, es entsteht vielmehr Beunruhigung. (...)
Hartmut Lange zeigt auf sehr zurückgenommene, subtile Art, wie den Menschen das Denken und die Gefühle widerfahren. Fixe Ideen, Obsessionen, Verdrängung und Irrtum besetzen und bewegen die Gestalten, die dem Leser eigenartig nahekommen, auch wenn sie doch nur vorsichtig schraffiert, nicht ausgemalt werden.
(...)
Ein ‚Er', eine ‚Sie'; Leute wie ‚Du' und ‚Ich', die aber nicht in dem steckenbleiben, was man als den Wirklichkeits- und Echtheitswahn in der Literatur bezeichnen könnte. Die oft gehörte Forderung nach einer authentischen, dem wahren Leben abgelauschten Literatur übersieht, dass sie tatsächlich ein Artefakt ist, eine Interpretation des sogenannten ‚Wirklichen' wie auch das

Spielen mit dem Möglichen. Die ‚Wahrheit' eines Textes, seine Integrität liegt in seiner sprachlichen Machart, seinem Tonfall, seiner rhythmischen Struktur. Hartmut Langes Sprache ist unaufgeregt, makellos klar und gradlinig noch da, wo das Unheimliche sich auftut. Sie ist unerschrocken und dabei doch respektvoll ihren oft absurden Inhalten gegenüber. Diese Novellen wirken wie ein sanfter Sog, und das macht ihre Schönheit aus."[32]

Fontane meets Poe

Roman Bucheli sieht am 7. 5. 2013 in der *Neuen Zürcher Zeitung* in Langes Novellenband zwei traditionelle Erzählweisen miteinander verschmolzen. Zum einen die realistische des Schilderers der Berliner Gesellschaft zu Ende des 19. Jahrhunderts, Theodor Fontane (1819–1898), zum anderen die psycho-dämonische des amerikanischen Kurzgeschichtenautors Edgar Allen Poe (1809–1849). Unter der Überschrift *Fontane trifft Poe* schreibt er:

„Ein Hauch von Zeitlosigkeit liegt über Hartmut Langes Novellen. (…) Fast glaubt man, es reichten sich in diesem schmalen Novellenband Theodor Fontane und Edgar Allan Poe die Hand. Dabei haftet weder der Sprache noch dem Erzählgestus auch nur die kleinste Spur des Anachronistischen an. Lediglich die Genauigkeit des Blicks, die Beharrlichkeit in der Figurenzeichnung oder die Anhänglichkeit an die stadtnahen und dennoch fast menschenleeren Landschaften Berlins oder Londons heben diese Geschichten sanft und entschieden heraus aus einer aufgeregten Zeitgenossenschaft. Und gerade darum schöpfen sie umso beherzter ihren Stoff aus dem rückwärtigen Raum unserer fast restlos entzauberten Gegenwart. (…)

---

32 Peters.

| 4 REZEPTIONS-GESCHICHTE | 5 MATERIALIEN | 6 LITERATUR |

Ein Auslandskorrespondent wird von seiner Zeitung nach London versetzt, seine Gattin lässt er zurück im Haus in der Dorotheenstraße (nach dem diese dritte Novelle und zugleich der Band benannt sind). Im Theater sieht er Shakespeares *Othello* und weiß damit erst nichts und dann freilich umso mehr anzufangen, als er nach und nach mehr Gründe erhält, an der Treue seiner Gattin zu zweifeln. Ein zweites Mal gerät er ins Theater, und noch einmal hört er die Verse ‚It is the cause, it is the cause, my soul (...) Put out the light.' Und nun soll er, seinerseits mit nagendem Argwohn in der Seele, abermals der Ermordung Desdemonas beiwohnen? War ihm das Stück bis dahin unerträglich weltfremd, so wird es ihm nun plötzlich unerträglich lebensnah. Er flüchtet aus dem Theater. Und vollzieht, was er auf der Bühne nicht mehr ertrug.

Bringt er tatsächlich seine Frau um, und löscht er nicht nur das Licht aus im Haus in der Dorotheenstraße, sondern auch ein Leben? Verzweifelt er, wie Poes Alter Ego im *Raben*, an den nicht mehr dechiffrierbaren Zeichen, die das Leben (und die Kunst) bereithalten? Hartmut Lange lässt wiederum alles in der Schwebe. Nur Andeutungen gibt er, was der Rückkehrer aus London in der Dorotheenstraße getan haben könnte. Nicht um die Tat geht es ihm, er stellt Seelenzustände dar. Trauer, Erschöpfung, Verzweiflung: Geradezu emblematisch, schmerzhaft nüchtern und ohne jeden dramatischen Gestus wendet er das Innerste seiner Figuren nach außen, indem er sie als Poes späte Wiedergänger durch Fontanes Landschaften gehen lässt. (...)

Man muss nicht an Gespenster glauben, um in den Raben und Wiedergängern und geisterhaften Schatten dieser Novellen die Nachtseite des Daseins zu erkennen. Um ihren unausgesprochenen Basso continuo zu hören: das sinnlose, alle Hoffnung zerstörende ‚Nevermore' von Poes Raben. Die Geschichten halten unbeirrt daran fest, dass sich nicht alles fugenlos in unser auf- und abgeklärtes Weltbild einbauen lässt. Und die lakonisch schöne Erzählkunst von Hartmut Lange verdankt ihre enorme Suggestivkraft außerdem einer inneren Spannung: indem sie das Unerwartete in die unscheinbarsten Sätze kleidet. (…)"[33]

Einheit von Inhalt, Sprache und Stil

Waltraut Worthmann von Rode geht in ihrer Rezension in der Sendung *Buch der Woche* des SWR 2 am genauesten auf die Titelnovelle ein und betont vor allem ihren psychologischen Aspekt:

„(…) Es passiert nicht viel in diesen Novellen. Ein Anruf auf dem Handy, eine kurze Begegnung, Stunden nervösen Wartens. Die Beunruhigung, die Illusion, die Selbsttäuschung – all sie kommen sacht daher. Am Ende der Lektüre fragt man sich, wie der Autor es gemacht hat, dass sich in diese kristallklaren Sätze das Unheimliche einnistet. Man blättert zurück und fühlt sich erneut in diesen leisen Sog hineingezogen. Ist dies nicht das beste Kriterium für Literatur? Wenn sich Inhalt, Sprache und Stil nicht mehr auseinander dröseln lassen? Wenn sie eine Einheit bilden? Dann liegt perfektes Schreiben vor. So schlittert der rationale Wirtschaftskorrespondent Gottfried Klausen von einer vertrauten in eine fremde Welt, wenn er merkt, dass seine Frau den Umzug nach London nicht mitmachen möchte und sein Leben zum Albtraum wird (…)
Was ist Wirklichkeit? Das, was jedermann sieht oder das, was der subjektive Blick auf die Welt ergibt? Diese Frage dekliniert Hartmut Lange durch. Und alles mit einem perfiden Stilmittel: Jene unterdrückte Seite unserer Existenz bricht meist am hell-

---

33 Bucheli.

lichten Tag aus. Zu einer genauen Zeit, in versteckten Villen, in Waldstücken, an einem Uferrand, der uns bildhaft bis auf die dort wachsenden Pflanzen realistisch vor Augen geführt wird (…)
Hartmut Lange ist von Beruf auch Theaterdramaturg. Er verhält sich wie ein surrealistischer Maler, der längst erkannt hat, dass das bloße Abmalen der Wirklichkeit nichts bedeutet, wenn man die Wahrnehmung des Betrachters außer Acht lässt. Je nachdem, was uns gerade passiert, schießt verrückte Phantasie ins Kraut. (…) Verrückt, dies alles. Hätten wir es nicht schon erlebt. Das Hervorbrechen mörderischer Wut. Rache- oder Schuldgefühle, die nur mühsam wieder ins Korsett geknöpft werden können. Angst, die sich in den Nacken krallt. Gefühle, die das Gehirn außer Kraft setzen. Erinnerungen, die wie ein Ascheregen plötzlich auf uns niedergehen. Der Mensch ist ein Gefährdeter. Das zeigt Hartmut Lange. Meisterhaft."[34]

---

34 Worthmann von Rode.

5. MATERIALIEN

5.1 Sigmund Freud über die Eifersucht

Normaler Affektzustand

„Die Eifersucht gehört zu den Affektzuständen, die man ähnlich wie die Trauer als normal bezeichnen darf. Wo sie im Charakter und Benehmen eines Menschen zu fehlen scheint, ist der Schluss gerechtfertigt, dass sie einer starken Verdrängung erlegen ist und darum im unbewussten Seelenleben eine umso größere Rolle spielt. Die Fälle von abnorm verstärkter Eifersucht, mit denen die Analyse zu tun bekommt, erweisen sich als dreifach geschichtet. Die drei Schichten oder Stufen der Eifersucht verdienen die Namen der 1. *konkurrierenden* oder normalen, 2. der *projizierten*, 3. der *wahnhaften*.

Über die *normale* Eifersucht ist analytisch wenig zu sagen. Es ist leicht zu sehen, dass sie sich wesentlich zusammensetzt aus der Trauer, dem Schmerz um das verloren geglaubte Liebesobjekt, und der narzisstischen Kränkung, soweit sich diese vom anderen sondern lässt, ferner aus feindseligen Gefühlen gegen den bevorzugten Rivalen und aus einem mehr oder minder großen Beitrag von Selbstkritik, die das eigene Ich für den Liebesverlust verantwortlich machen will. Diese Eifersucht ist, wenn wir sie auch normal heißen, keineswegs durchaus rational, das heißt aus aktuellen Beziehungen entsprungen, den wirklichen Verhältnissen proportional und restlos vom bewussten Ich beherrscht, denn sie wurzelt tief im Unbewussten, setzt früheste Regungen der kindlichen Affektivität fort und stammt aus dem Ödipus- oder aus dem Geschwisterkomplex der ersten Sexualperiode. Es ist immerhin bemerkenswert, dass sie von manchen Personen bisexuell erlebt wird, das heißt beim Manne wird außer dem Schmerz um das geliebte Weib und dem Hass gegen den männlichen Rivalen auch Trauer um den unbewusst geliebten Mann und Hass gegen das Weib als Rivalin bei ihm zur Verstärkung wirksam. Ich weiß auch von einem Manne, der sehr arg unter seinen Eifersuchtsanfällen litt und die nach seinen Angaben ärgsten Qualen in der bewussten Versetzung in das ungetreue Weib durchmachte. Die Empfindung der Hilflosigkeit, die er dann verspürte, die Bilder, die er für seinen Zustand fand, als ob er wie Prometheus dem Geierfraß preisgegeben oder gefesselt in ein Schlangennest geworfen worden wäre, bezog er selbst auf den Eindruck mehrerer homosexueller Angriffe, die er als Knabe erlebt hatte.

Die Eifersucht der zweiten Schicht oder die *projizierte* geht beim Manne wie beim Weibe aus der eigenen, im Leben betätigten Untreue oder aus Antrieben zur Untreue hervor, die der Verdrängung verfallen sind. Es ist eine alltägliche Erfahrung, dass die Treue, zumal die in der Ehe geforderte, nur gegen beständige Versuchungen aufrechterhalten werden kann. Wer dieselben in sich verleugnet, verspürt deren Andrängen doch so stark, dass er gerne einen unbewussten Mechanismus zu seiner Erleichterung in Anspruch nimmt. Eine solche Erleichterung, ja einen Freispruch vor seinem Gewissen erreicht er, wenn er die eigenen Antriebe zur Untreue auf die andere Partei, welcher er die Treue schuldig ist, projiziert. Dieses starke Motiv kann sich dann des Wahrnehmungsmaterials bedienen, welches die gleichartigen unbewussten Regungen des anderen Teiles verrät, und könnte sich durch die Überlegung rechtfertigen, dass der Partner oder die Partnerin wahrscheinlich auch nicht viel besser ist als man selbst. (...)

Die gesellschaftlichen Sitten haben diesem allgemeinen Sachverhalt in kluger Weise Rechnung getragen, indem sie der Gefallsucht der verheirateten Frau und der Eroberungssucht des Ehemannes einen gewissen Spielraum gestatten in der Erwartung, die unabweisbare Neigung zur Untreue dadurch zu drainieren[35] und

---

35 Med.: eine Drainage legen, Wundabsonderungen ableiten.

unschädlich zu machen. Die Konvention setzt fest, dass beide Teile diese kleinen Schrittchen in der Richtung der Untreue einander nicht anzurechnen haben, und erreicht zumeist, dass die am fremden Objekt entzündete Begierde in einer gewissen Rückkehr zur Treue am eigenen Objekt befriedigt wird. Der Eifersüchtige will aber diese konventionelle Toleranz nicht anerkennen, er glaubt nicht, dass es ein Stillhalten oder Umkehren auf dem einmal betretenen Weg gibt, dass der gesellschaftliche ‚Flirt' auch eine Versicherung gegen wirkliche Untreue sein kann. In der Behandlung eines solchen Eifersüchtigen muss man es vermeiden, ihm das Material, auf das er sich stützt, zu bestreiten, man kann ihn nur zu einer anderen Einschätzung desselben bestimmen wollen.

Die durch solche Projektion entstandene Eifersucht hat zwar fast wahnhaften Charakter, sie widersteht aber nicht der analytischen Arbeit, welche die unbewussten Fantasien der eigenen Untreue aufdeckt. Schlimmer ist es mit der Eifersucht der dritten Schicht, der eigentlich *wahnhaften*. Auch diese geht aus verdrängten Untreuestrebungen hervor, aber die Objekte dieser Fantasien sind gleichgeschlechtlicher Art. Die wahnhafte Eifersucht entspricht einer vergorenen Homosexualität und behauptet mit Recht ihren Platz unter den klassischen Formen der Paranoia. Als Versuch zur Abwehr einer überstarken homosexuellen Regung wäre sie (beim Manne) durch die Formel zu umschreiben:

Ich liebe ihn ja nicht, *sie* liebt ihn.

In einem Falle von Eifersuchtswahn wird man darauf vorbereitet sein, die Eifersucht aus allen drei Schichten zu finden, niemals die aus der dritten allein."[36]

---

[36] Sigmund Freud: *Über einige neurotische Mechanismen bei Eifersucht, Paranoia und Homosexualität* (1922), zitiert nach: http://gutenberg.spiegel.de/buch/kleine-schriften-i-7123/16 (Stand: Juli 2017).

5.2 Hartmut Lange über die totale Vereinzelung des Individuums

„(...) Ist die Konzentration auf Einzelschicksale in den Novellen, die Sie anschließend geschrieben haben, die künstlerische Konsequenz aus diesem Wandel Ihres Weltbilds?

Ja, es ist die Konsequenz der Selbstentdeckung. Ich habe an mir entdeckt, dass ich absolutes Subjekt bin. Ich bin ganz alleine. Alle anderen können eigentlich nur beweisen, dass ich alleine bin, weil sie immer Andere sind. Ich habe sozusagen meine totale Vereinzelung erfahren, und das führt eben dazu, dass man den anderen dann auch einzeln sieht. Früher haben wir das sozial definiert, wir haben nicht den einzelnen gesehen, sondern seine Klassenzugehörigkeit. Wenn man das streicht, sieht man den einzelnen ganz nackt. Aber das ist eine Selbsterfahrung. Wenn ich also Einzelschicksale schildere, meine ich immer meine eigene Erfahrung. Das ist auch wieder eine Prämisse aus der Existenzphilosophie, was ich aber erst nachträglich erfahren habe. Erst die Vereinzelung im Bewusstsein führt zur Wahrheit.

Viele Ihrer Novellen haben gemeinsam, dass in den gewohnten Alltag der Protagonisten etwas ‚Übernatürliches' einbricht. Es passieren Dinge, die rational nicht erklärbar sind, weder für die Figuren, noch für den Leser. Wird das ‚Übernatürliche' zum Bestandteil der Realität?

Die Sphäre des Bewusstseins, und insbesondere die Wissenschaft, tut immer so, als könnten wir unser Leben logisch durchleuchten, als könnte man überhaupt die Existenz logisch durchleuchten, aber das ist ja nicht so. Sie nehmen das Leben wahr, aber es bleibt immer etwas Unbekanntes zurück, sogar in der anschaulichen Realität. Nur eine bestimmte Art von Literatur meint immer, man könnte dieses Unbekannte aufklären. Das geht aber nicht. Wir

„Ich bin ganz alleine"

wissen über unsere Bekannten viel, aber nicht alles. Wir wissen sogar über unsere Ehefrauen nur fast alles. Der Realitätsbefund ist also immer mit einer Unbekannten belastet.

Dann gibt es da eben auch noch das, was Sie ‚übersinnlich' oder ‚übernatürlich' nennen. Wir können unsere Existenz, unser Woher und Wohin, nicht definieren. In dem Augenblick, wo ich von dem Hegelschen Rationalismus gelassen hatte, konnte ich mir den Sinn und Zweck meiner Existenz nicht mehr erklären. Das ist sozusagen eine Bedrohung, der Einbruch des unerkannten Horizonts, der sich nicht wegleugnen lässt. Diese Grunderfahrung schlägt sich in meiner Prosa nieder. Die Figuren erfahren etwas, das sie gar nicht erkennen können, aber als wirklich wahrnehmen, und ich finde, dass das Leben so ist. Es ist eine völlig falsche Behauptung, dass wir mit dem Kopf alles erklären und ordnen können. (...)"[37]

5.3 Hartmut Lange über Gespenster, Krähen, Teltow und Berlin, manische Zustände sowie sein Schreiben

„(...) *Herr Lange, glauben Sie an Gespenster?*
LANGE: Nein. Leider nicht, leider nicht. Also eben an sozial-reale Gespenster glaube ich nicht, dazu bin ich zu nüchtern und rationalistisch, aber ich glaube natürlich an psychopathische Gespenster. Also an Gespenster, die man sich einbildet.

Darum geht es jetzt so ein bisschen. Das Verschwimmen von Wirklichkeit und Traum. Da schleichen sich Dinge in die Realität hinein, die man vielleicht vermutet, aber bisher noch nicht gesehen hat.

Die Psyche produziert ja ständig Vorstellungswelten. Wir denken ja immer, wir sind immer damit beschäftigt, die tatsächliche Welt so aufzunehmen, wie sie ist, dann kommt aber unsere Subjekt-

„Psychopathische Gespenster"

---

[37] Feldmann.

befindlichkeit dazwischen, und dann fängt die Psyche an, darauf zu reagieren und dann erzeugt sie Vorstellungsbilder. Und die kann man manchmal nicht unterscheiden. Also, es gibt ja Leute, die bilden sich dann irgendetwas ein, was sie sich vorher nie eingebildet haben. Und das sind dann Gespenster, die sozusagen imaginär sind, aber trotzdem einen umtreiben können.

Das Beunruhigende, aber auch Schöne an Ihren Geschichten ist jetzt, dass das nicht in irgendeiner fantastischen Welt passiert, sondern wirklich in unserem Alltag. In diesem Fall ein Viertel, ein schönes, romantisches bürgerliches Viertel in Berlin, mit ein bisschen Grün, mit Kanälen, mit schönen Bürgerhäusern. Haben Sie eine besondere Beziehung zu diesem Viertel?

Romantische Ecken in Berlin

Habe ich eigentlich nicht. Aber es ist ja so, wenn man Berliner ist und die Großstadt satt hat, auch die aufgeregte und eigentlich immer nach Events schielende Großkotzigkeit Berlins, dann möchte man eigentlich mal an die Ränder gehen, wo es noch romantisch ist, wo es noch einsam ist, wo es abseitig ist. Und das finden Sie in Berlin. Sowie Sie Berlin im Zentrum verlassen und an die Grenzgebiete kommen, kommen Sie in eine brandenburgische Romantik, die wohltuend ist. Wenn Sie sich mal Teltow angucken, das ist wirklich eine Stadt wie im Biedermeier. Immer noch. Und das hat mich angezogen. Und der Teltowkanal ist ja eine ganz unerlöste Wasserstraße, der war ja mal konzipiert für die Industrie, und der wird ja kaum noch befahren, und der sieht auch aus wie ein Stiefkind, das verlassen wurde und seit hundert Jahren nicht mehr ernährt wurde, und das sind so Sachen, die mich anziehen. Also da ist diese Großkotzigkeit. Man liest ja immer an den Autobahnen: Berlin ist vielfältig. Berlin ist einzig. Sei wie Berlin. Das ist da nicht der Fall. Da ist einfach die reine Stille, Abgelegenheit, Vergessenheit, und das hat mich angezogen.

> *Was ist das mit den Krähen durch die Geschichten? Die sitzen irgendwo. Sie sind ja auch, das weiß man aus der Antike, Boten, manchmal des Unglücks. Denken Sie daran, wenn Sie schreiben?*

Krähen als mythische Vögel

Ja, Krähen sind interessant. Krähen sind mythische Vögel. Ich habe ja manchmal sogar auch Krähen beobachtet, die auf den Dächern Schlittschuh laufen, also wenn es da ganz glatt ist. Krähen sind eigentlich auch Wunschvögel, die uns durch alle Zeiten führen. Wo man dann das Gefühl hat, das war bei Alexander dem Großen schon so, mit der Krähe, und das heute auch noch so. Und dann sind die Krähen ja auch…, halten sich in Berlin auf, und am Rande auf, in Teltow auf und sind eigentlich allgegenwärtig und sind aber nicht domestiziert. Sie bleiben wild, sie bleiben bei sich. Ist ein mythischer Vogel.

> *Leichter zu verstehen als die Menschen?*

Ich glaube, sie sind nicht leichter zu verstehen als die Menschen, sondern sie sind unerkennbarer als die Menschen, wir kennen einfach gar nichts von denen. Also, wenn eine Krähe da so herumguckt und ihr Auge auf mich wirft, ich weiß nicht, was sie denkt, ich weiß nicht, wo sie hingeht, es ist eine unbekannte Welt. Also wir berühren uns, aber wir wissen nicht, was Krähen wirklich denken und was sie sind. Aber sie sind halt immer auch Totenvögel und begleiten uns.

(…)

Schreiben und Diktieren

> *Und wenn Sie schreiben, sitzen Sie dann am Schreibtisch beim hellen Tageslicht und arbeiten oder schreiben Sie nachts mit Kaffee und Rotwein?*

Nein, da sitze ich dann im Sessel und meine Frau sitzt am Tisch und ich diktiere und sie schreibt das wieder auf und dann reden wir darüber. Es ist so, was ich schreibe, ist nicht mehr verbesserungsfähig. Ich werde musikalisch geleitet. Die Syntax ist für mich eine Melodie. Und dann wiederhole ich den Satz so lange, bis er stimmt, und wenn dann ein Nebensatz fehlt, dann weil er flach ist. Also ich diktier das. Ich bin vom Theater. Ich könnte auch öffentlich schreiben. Ich bin ein Entertainer und schreibe auch so.

Der Frau diktieren klingt auch so ein bisschen biedermeierlich.

Nee, nein, ich schreib, ich diktier ja nicht, ich sage und sie schreibt es auf. Ich schreibe es auch auf. Sie schreibt's auf und ich schreib's auf und dann haben wir es doppelt. Und wenn wir dann an irgendeine Stelle kommen, die unklar ist, dann reden wir darüber und dann geht's wieder weiter. Manchmal schreibe ich auch allein, aber meistens schreibe ich mit meiner Frau. Das hat den Grund gehabt, dass ich eben im Leben die Krise hatte, wo ich gar nicht mehr arbeiten konnte. Und da hat sie mich dann rausgeholt und hat dann mich gezwungen, zu diktieren. (...)"[38]

---

[38] Transkription des Gespräches mit Lange im Bayerischen Rundfunk, LeseZeichen, 17. 6. 2013, https://www.youtube.com/watch?v=RXz2JBw83s4 (Stand: Juli 2017).

LITERATUR

Zitierte Ausgabe:
Hartmut Lange: *Das Haus in der Dorotheenstraße.* Novellen. Zürich: Diogenes, 2016 (detebe 24361), S. 71–93 → Alle in Klammern auftretenden Seitenverweise beziehen sich auf diese Ausgabe.

Sekundärliteratur:
Banchelli, Eva: *Die Landschaft der Melancholie: Raumdarstellung und Raummetaphorik bei Hartmut Lange.* In: Manfred Durzak (Hrsg.): Der Dramatiker und der Erzähler Hartmut Lange. Würzburg: Königshausen & Neumann, 2003, S. 165–177.

Brunträger, Hubert: *Hartmut Lange.* In: KLG – Kritisches Lexikon zur deutschsprachigen Gegenwartsliteratur. Hrsg. von Heinz Ludwig Arnold. edition text + kritik, Stand: 1. 3. 2006.

Demet, Michel-François: *„Die Wahrheit liegt im Verschwinden" oder Die Allgegenwart des heiteren Todes in den Novellen Hartmut Langes.* In: Manfred Durzak (Hrsg.): Der Dramatiker und der Erzähler Hartmut Lange. Würzburg: Königshausen & Neumann, 2003, S. 16–29.

Durzak, Manfred: *Einleitung: Der Dramatiker und Erzähler Hartmut Lange.* In: Manfred Durzak (Hrsg.): Der Dramatiker und der Erzähler Hartmut Lange. Würzburg: Königshausen & Neumann, 2003, S. 7–11.

Feldmann, Lucie und Joachim: *Die Erkenntnis rettet niemanden. Der Berliner Schriftsteller Hartmut Lange über Realismus und Subjektivität (Interview).* In: Der Freitag v. 26. 11. 1999 (https://www.freitag.de/autoren/der-freitag/die-erkenntnis-rettet-niemanden, Stand: Juli 2017).

Fischer, Helmar Harald: *Hartmut Lange.* In: Literatur Lexikon. Autoren und Werke deutscher Sprache. Hrsg. von Walther Killy. Gütersloh: Bertelsmann, Gütersloh/München, Bd. 7, 1990, S. 139 f.

Hertling, Ralf: *Das literarische Werk Hartmut Langes. Hoffnung auf Geschichte und Glaube an die Kunst – Dramatik und Prosa zwischen 1960 und 1992.* Frankfurt/M.: Lang, 1994.

Jurgensen, Manfred: *Die Metaphysik des Geschehens: Wahrnehmung und Erscheinung in Hartmut Langes Prosa.* In: Manfred Durzak (Hrsg.): Der Dramatiker und der Erzähler Hartmut Lange. Würzburg: Königshausen & Neumann, 2003, S. 115–148.

Kleinschmidt, Sebastian: *Gewißheit der Ungewißheit. Hartmut Langes Poetik der Irritation.* In: Manfred Durzak (Hrsg.): Der Dramatiker und der Erzähler Hartmut Lange. Würzburg: Königshausen & Neumann, 2003, S. 30–39.

Marquard, Odo: *Novellist der Melancholie. Laudatio auf Hartmut Lange.* In: Manfred Durzak (Hrsg.): Der Dramatiker und der Erzähler Hartmut Lange. Würzburg: Königshausen & Neumann, 2003, S. 12–15.

Besprechungen von *Das Haus in der Dorotheenstraße:*

Bucheli, Roman: *Fontane trifft Poe. Fünf Novellen hat Hartmut Lange in seinem neuen Band veröffentlicht. Sie umkreisen wie Variationen auf ein Thema das Gespenstische im entzauberten Alltag.* In: Neue Zürcher Zeitung, 7. 5. 2013 (https://www.nzz.ch/feuilleton/buecher/fontane-trifft-poe-1.18077025, Stand: Juli 2017)

Gösweiner, Friedrike: *Das Wirkliche und das Unheimliche. Routiniert, reduziert, raffiniert – Hartmut Langes Novellenband „Das Haus in der Dorotheenstraße".* In: literaturkritik.de, April 2013 (literaturkritik.de/id/17702, Stand: Juli 2017).

Hinck, Walter: *Wer der Krähe folgt, ist halb schon verloren. Abgründig, poetisch, zugespitzt: Mit den fünf Novellen seines neuen Bandes „Das Haus in der Dorotheenstraße" erweist sich Hartmut Lange als Meister dieses Genres.* In: Frankfurter Allgemeine Zeitung v. 29. 5. 2013 (http://www.faz.net/aktuell/feuilleton/buecher/rezensionen/belletristik/hartmut-lange-das-haus-in-der-dorotheenstrasse-wer-der-kraehe-folgt-ist-halb-schon-verloren-12198342.html, Stand: Juli 2017).

Kratzert, Armin: *Gespräch mit Hartmut Lange über dessen Buch „Das Haus in der Dorotheenstraße".* In: Bayerischer Rundfunk, LeseZeichen vom 17.06.2013 (https://www.youtube.com/watch?v=RXz2JBw83s4, Stand: Juli 2017).

Matteotti, Sandra: *Hartmut Lange: Das Haus in der Dorotheenstrasse [!].* In: Denkzeiten (Blog), 3. 3. 2013 (https://denkzeiten.com/2013/03/03/hartmut-lange-das-haus-in-der-dorotheenstrasse/, Stand: Juli 2017).

Peters, Sabine: *Vom Alltäglichen ins Abgründige. Hartmut Lange: „Das Haus in der Dorotheenstraße".* In: Deutschlandfunk, 28. 5. 2013 (www.deutschlandfunk.de/vom-alltaeglichen-ins-abgruendige.700.de.html?dram:article_id=248153, Stand: Juli 2017).

Reichart, Manuela: *Der Moment, der alles ändert. Hartmut Langes „Das Haus in der Dorotheenstraße".* In: Deutschlandfunk, Beitrag vom 28. 3. 2013 (http://www.deutschlandfunkkultur.de/der-moment-der-alles-aendert.950.de.html?dram:article_id=241920, Stand: Juli 2017).

Von Bitter, Rudolf: *Das Haus in der Dorotheenstraße. Wie es ist, wenn das scheinbar Normale brüchig wird und etwas Unheimliches in den Alltag eindringt, hat uns Hartmut Lange gezeigt.* In: Bayerischer Rundfunk, Fernsehbericht vom 13. 6. 2013 (https://www.br.de/br-fernsehen/sendungen/lesezeichen/hartmut-lange-100.html, Stand: Juli 2017).

Worthmann von Rode, Waltraut: *Hartmut Lange, Das Haus in der Dorotheenstraße.* In: SWR 2, Buch der Woche, Sendung vom 7. 3. 2013 (https://www.swr.de/swr2/literatur/buch-der-woche/lange-das-haus-in-der-dorotheenstrasse/-/id=8316184/did=11105832/nid=8316184/1egrgme/index.html, Stand: Juli 2017).

STICHWORTVERZEICHNIS

Aufbau 7, 37, 79, 80
Berlin 6, 7, 11–13, 18, 33, 35, 38, 46, 48, 49, 51, 54, 56, 58, 61, 65, 88, 98–100
Berliner Republik 6, 15
Biedermann und die Brandstifter 55, 63, 75
Buche 66
Büchner, Georg 28
Buslinie 118 57, 68, 78
Cervantes 28
Chor 8, 54, 75–77, 85
Der Bürgermeister von Teltow 23, 28
Der Schatten 25, 26
Desdemona 30, 34, 35, 37, 39, 53, 91
Die Cellistin 24
Die Ewigkeit des Augenblicks 22, 28
Dingsymbolik 63
Dorotheenstraße 6, 7, 9, 27, 33, 36, 38, 42, 44, 48, 51, 56, 59, 60, 65, 67, 78, 87–89, 91
Effi Briest 28
Eifersucht 26, 28, 29, 32, 39, 57, 68, 70, 83, 94–96
Endstation Sehnsucht 68, 77
Erkenntnis 13, 14, 45, 76
Erzähler 7, 24, 35, 39, 50–55, 57–62, 75, 77, 82, 85, 88
Exposition 39, 40
Fichte (Baumart) 66
Fontane, Theodor 28, 90
Freud, Sigmund 94
Frisch, Max 55, 75, 77
Gender-Ansatz 9, 73
Grimsvötn 7, 33, 35, 39, 45, 49, 56–58, 65, 67, 88
Heidegger, Martin 14
Ich-Erzähler 24, 50
Inhalt 6, 10, 30, 76, 87, 92
Intertextualität 9
Island 7, 33, 35, 39, 46, 54, 79, 83
Jago 30, 32
Kafka, Franz 27
Kastanien 67
Kleist, Heinrich von 6, 27
Kohlhasenbrück 7, 33, 42, 44, 48, 51, 54, 64, 68, 74, 78, 80, 82
Kommunikation 9, 61, 69, 73, 79, 83
Liebe 30, 43, 64, 67, 94
Literaturkritik 9, 10, 87

London 6, 7, 33–35, 39, 42, 44, 48, 49, 51, 57–59, 61, 64, 68, 70, 80, 82, 88, 91, 92
Melancholie 19, 83, 103
Mobilität 15
Motive 8, 50, 68
Musil, Robert 28
Namenssymbolik 63, 64
Nathanbrücke 33, 36, 44, 48, 55, 65, 67, 71, 79
Natur 23, 84
Nietzsche, Friedrich 14, 84
Novelle 6–10, 12–16, 22–25, 27, 28, 33, 37, 38, 40, 42, 50, 51, 54, 56, 58, 59, 63, 65, 67, 73, 75, 78, 81, 87–89, 91
Othello 6, 7, 27–30, 33–35, 37, 39, 44, 49, 54, 62, 64, 67, 71, 72, 75, 78, 83, 88, 91
Pflanzensymbolik 63, 66
Poe, Edgar Allen 6, 27, 90
Präsens 58
Präteritum 58
Raum-Zeit-System 56
Retardierung 39, 40
Royal Shakespeare Company 29, 34, 48
Schopenhauer, Arthur 14, 84
Shakespeare, William 6, 7, 27–30, 33, 44, 49, 64, 75, 88, 91
Sprache 8, 10, 61, 62, 87, 90, 92
Steigerung 39, 40, 54
Struktur 9, 20, 26, 38, 40, 68, 71, 72, 74, 75, 85, 86, 90
Symbolik 8, 46, 50, 63, 64, 66, 67
Teltowkanal 6, 18, 22, 23, 27, 33, 48, 50, 57, 69, 79, 85, 99
Tonka 28
Unheimliche 13, 45, 72, 83, 90, 92
Untreue 28, 32, 34, 38, 46, 53, 86, 95, 96
Veilchenstrauß 34, 67
Verkehrsmittel 69, 71
Vulkanausbruch 45, 67, 71, 72, 79, 83, 84
Williams, Tennessee 68, 77
Woyzeck 28
Xenia 6, 8, 29, 33–35, 38, 39, 42, 43, 46, 50, 51, 54, 55, 57, 64, 66, 68, 70, 72, 80, 82, 83
Zwischengattung 38

DIGITALES ZUSATZMATERIAL

Literarisch vernetzt! Über 600 Materialien online.

Neuerscheinungen, Aktionen, kostenlose Angebote und Infos rund um Literatur.

Melden Sie sich gleich an – es lohnt sich!*

- über **150 Gedichtinterpretationen** je 0,99 Euro
- über **200 Königs Erläuterungen** als PDF
- **Königs Erläuterungen** jetzt auch **als E-Book** für alle gängigen Lesegeräte, iPad und Kindle
- über **50 MP3** mit Audio-Inhaltszusammenfassungen zu gängigen Werken kostenlos!
+ über **150 kostenlose Abituraufgaben**
+ Anleitung „Wie interpretiere ich?" kostenlos!
+ Anleitung „Wie halte ich ein Referat?" kostenlos!
+ Literaturgeschichte von A-Z kostenlos!

Seien Sie immer aktuell informiert mit unserem **Newsletter** oder über unsere **Social-media-Plattformen**.

 Königs Erläuterungen   www.bange-verlag.de

* Sie erhalten max. 1 Newsletter monatlich!

www.königserläuterungen.de   **www.bange-verlag.de**